涂晓晴的成长课

涂晓晴　讲述　　温昊然　整理

中国妇女出版社

图书在版编目（CIP）数据

涂晓晴的成长课 / 涂晓晴讲述 ；温昊然整理 . --
北京 ：中国妇女出版社，2024.3
ISBN 978-7-5127-2370-2

Ⅰ . ①涂… Ⅱ . ①涂… ②温… Ⅲ . ①文学家－生平
事迹－世界 Ⅳ . ① K815.6

中国国家版本馆 CIP 数据核字 (2024) 第 003427 号

责任编辑：张凌云
封面设计：邓小林
责任印制：李志国

出版发行：中国妇女出版社
地　　址：北京市东城区史家胡同甲 24 号　　邮政编码：100010
电　　话：(010) 65133160（发行部）　　65133161（邮购）
网　　址：www.womenbooks.cn
邮　　箱：zgfncbs@womenbooks.cn
法律顾问：北京市道可特律师事务所
经　　销：各地新华书店
印　　刷：三河市中晟雅豪印务有限公司

开　　本：165mm × 230mm　1/16
印　　张：14
字　　数：180 千字
版　　次：2024 年 3 月第 1 版　　2024 年 3 月第 1 次印刷
定　　价：63.00 元

一颗种子

作为教育践行者，我始终在追寻：如何开启孩子的智慧？怎样才能捕捉到他们心灵里闪现的微光，让一个个生命跟自然相拥，和宇宙产生共鸣？探索引领孩童们走上遵循万物规律的途径，帮助他们在学习和命运发展的道路上创造奇迹？

给昊然上成长课，是源于他妈妈说的一件小事。学校语文老师让同学们背诵杜甫的诗，昊然背得很积极，跟老师说，他要是能穿越，要问问杜甫，他为什么要写这么多诗。我听后感觉可乐，觉得三年级的小昊然可爱，想象力丰富。这件事也许他自己都忘了，但在我的心底里，种下了一颗种子。

开创最佳成长期作文的原意，是想运用我数十年的心理学知识结合写作心得，给成长找到一个合适的载体，给随时都在成长的洪流筑建两岸，让成长变得有目标和方向，有依据和标尺。如何让孩子们成长为人群对面的人和队伍前面的人，是我一直想要做的事。我用总结出的写作教育体系和成长理念，结合小学生语文教材中的习作内容，写出了一套四本 3～6 年级《小学生成长期作文》。

先教做人，后教作文。这是我的教学思路，借写作文为载体，教会学生们掌握写作方法，提高品德和素质，建立辨别是非的标准，以及对荣辱得失的判断，以成长为基准，教育和化育学生。

意识被昊然的那次发问种下了一颗种子，脑海中一次次显现小小的他和杜甫相遇在成都的草堂、扬州的街头、逃难的蜀道上……杜甫已经活成了星辰，谁来回答他的疑问？我要“扮成”杜甫，给昊然回答。

当把这个想法跟昊然妈妈说起时，我获得了她的鼎力支持。可敬的是，她和昊然都不知道我将要把他们带向何处，就愿意背上行囊，坚定不移地跟着我走上追求成长的漫长旅途。

此后的每一课，我和昊然行进在一个又一个历史文学高手和名人的小路上。师生俩时而幻想，时而思考，时而哽咽，时而激越。李白、白居易、刘禹锡、苏轼、辛弃疾……随着时间的推移，我们越来越发现，他们流传于世的秘密。不光文学才华好，爱民如子的心灵更加可贵。在对古人的成长经历进行发掘的过程中，我们总结出了很多有价值、有意义的真知。

柳宗元、欧阳修、王安石、陆游、岳飞、李清照，还有多情多难的李煜，不为五斗米折腰、愿见南山的陶渊明……师生醉了，沉醉在一段又一段有趣的、可爱的、可敬的、可叹的、可恼的人生旅途里。

托尔斯泰、泰戈尔，贵族的身躯、农夫般纯朴的心灵的大文豪们，给了昊然和我崇敬之情和热爱之感。司马迁和司马光前后写史的境遇不同，却能秉笔写千秋，需要多少毅力和体力？

大唐传奇玄奘、文学宗师鲁迅、爱民如子的郑板桥、幽默风趣的老舍、天才徐志摩、天之骄子袁隆平、扬州之子朱自清、千古完人谢安……每堂课讲解的每个人，都带给我无尽的精神滋养。与其说我给昊然上课，不如说是昊然陪我走了这一路。作为老师，我是何其有幸得他为学生，和他的父母携手培育未来家庭和社会的接班人！

成长是一件大事，更是一件急不得的事。它需要导师既要有描绘蓝图的功夫，又要有绣花盘锦的细心。课程上完将近两年，有心的昊然和他的妈妈将我的讲述总结成了文字，并有志将内容出版成书，只是为了带给更多读者一些有益的帮助。既如此，善莫大焉！

因了昊然的“文学篇”开道，此后还会有其他篇章的成长课。一本成长课的书，就会和一位学子携手。师生共同去了解从宇宙到名臣，从帝王到科学家，从哲学到美学，从音乐到美术等的成长之路的探究，以期带给读者们更多有关成长的思考和启迪。

原课程顺序是，第一课是苏轼，第二课便是昊然指明要我讲的自己，但我建议编辑把这一课放在最后。我不敢跟圣人同书，忝列其间。排在最后，算是给长长的文圣学贤们的队伍画个句号，更是为了方便读者朋友了解我、批评我，给我提出更多有利我成长和进步的意见！

涂晓晴

2023 年 8 月

目　录

引　言

晓晴老师给我上的成长课程的第三课，就是杜甫。

老师之所以想给我上成长课，是源于我在学校的课堂上，读到杜甫的一首诗，语文老师问我们是否能理解杜甫当时的心境。我说想穿越到杜甫写那首诗时的情景，问他写诗的时候到底是怎么想的。语文老师就把这句话告诉了我妈妈。

后来妈妈无意中跟晓晴老师说起这件事，老师当时就很激动，说我很有创新意识，并愿意给我讲和杜甫相类似的古代诗人或名人的创作与经历，以及他们生活的时代背景，希望我能从他们的人生旅程中找到对成长有意义的启示。老师主要把小学语文教科书上从古代到现代的作者梳理后，挑选四十位人物给我讲解。于是，关于我的人生成长课堂，就这样开始了。

温昊然

第一课　神仙降世——苏轼

影响世界的苏仙人

师：欧阳修如同圣贤在世，本课这位主角恰是神仙在世。我们要跟苏轼学习什么呢？苏轼二十岁就考上了进士，可谓少年得志。并且，他一生足迹遍及大半个中国。

生：黄州、惠州、儋州、汴京，我最想穿越到儋州。

师：儋州在海南岛西北部，到现在那里还流传着苏东坡的事迹，包括遗迹和纪念馆。还有美味的东坡煎生蚝、东坡鱼等，包括他戴过的斗笠如今还保留着当年的式样，可见人们是多么怀念他！

苏轼就像仙人在世，我给你讲这堂课，备课花了一周时间，准备的时间是最长的，因为他的生平内容丰富，而且非常重要。苏轼既是中国的，也是世界的。除了中国，世界其他地方的人们也很喜欢他。比如他的人品、学识、作品、性格、才华，包括他走过的路，受过的苦，说过的话……都受到广泛关注。

美国的博物馆、大学，以及日本、韩国、新加坡、法国、英国等国，都在研究苏东坡。在日本，苏轼和他的学生黄庭坚非常受欢迎，被尊为中国宋代书法“二圣”。

2000 年，法国《世界报》评选公元 1001 ~ 2000 年十二位影响世界的人物，苏轼是亚洲唯一入选的。这一千年中有过那么多帝王将相、才子佳人，怎么就只有苏轼入选?

仅仅一堂课难以穷尽他的生平，只能挑选几点来讲。苏轼才华横溢，有笑对生活的勇气、开放包容的胸襟、傲视人间的作品。他为什么能写出那么多好的作品？其中，对风景的描写纵横开阖，不仅是才华，还有他的经历和修为。他对世事的思考，对环境的感受和观察，对人生的体验，对境遇的心态，都非常人可比。

除此之外，能把风景写得很美，是因为他眼中有美（观察），还因为心中有美（思考）。苏轼说过一句非常著名的话：天下无一个不好人。包括曾经打击过他、诽谤过他、指责和伤害过他的那些人，他都选择了原谅和善心以待。要知道，苏轼生活的那个时代，是历史上有名的“元祐党争”时期。能说出这样的话，需要多么博大的胸怀。简直让人高山仰止，像天神一般，像佛陀一样，多么慈悲，多么善良。

《三字经》中“人之初，性本善”，任何人生来都是善良的，只不过环境不同，遇到的人和事不同，才会变坏。

“天下无一个不好人”

师：这个世间有没有坏人？遇到坏人怎么办?

生：我愿意世间没有坏人，但如果遇到坏人尽量避免被伤害。

师：苏轼说这天下无一个不好人。他说这句话是要有底气的，才华又高，能力又强，即便有坏人也不能靠近他，给他造成人身伤害。但作为平常人，要明白世上有形形色色的、隐藏的和明显的坏人，我希望你知道如何辨别好人和坏人。知道这句话，是要学会避免被坏人所害，而不是认为他说了这句话，世上就真的没有坏人。苏轼本人四十几年为官生涯，起起落落，在仕途上屡受打击。

他说“天下无一个不好人”，总比说世间坏人很多来得好。你在这个世界上想要驻足、立足，有所发展，首先要保护自己的安全。

苏轼很早就有功名，和他的弟弟苏辙被认为是帝王佐宰之才，但最终没能做成宰相。

心存美好

苏轼的心里眼里都有美好，能把一朵野花写成天堂奇葩，能把寻常小路写成通天云梯。现在也一样，人具备心灵美和审美能力，才能写出美的内容和作文。你会不会问苏轼，为什么能把万物写得像在天堂，在哪儿都能积极乐观面对生活？

让自己快乐的方式，就是忘掉不快乐，不去想、不去触碰不快乐。人生很短，哪里有时间背负得起那么多负面和沉重的情绪？生活给了这个拥有绝世才华的人太多打击和不幸，如果再让自己生活在悲苦之中，就是替别人二度惩罚自己。

苏轼是生活在人间的仙人，非常逍遥自在。在他待过的许多地方都有美食传世。

扬州也将一所中学的名字命名为“苏东坡中学”，这是怀念他的方式之一。

“仙”非完人

苏轼也并不是完人，他在年轻的时候喜欢评价人物，也就是说人家长短，因此受到过不少非难和排挤。历史上有些圣贤、名人等都有论人长短的经历，说别人的缺点，别人也会说你的缺点。

你的嘴吐出来的是剑，你以为伤到别人了，实际上伤到的是你自己！

苏轼为什么喜欢说别人的缺点？这点跟当时风气有关，或者跟学风有关。他可能还有比较朴素的想法，把人家的缺点告诉他，希望他能改正，这是在帮助别人。他后来认为这个世界没有一个坏人，就是对他早期的言论和行为的补救。

苏轼的一生很短暂，在常州病重去世，后葬在汝州（今属河南省）。人经过苦难之后，对很多事情就会幡然醒悟，改变人生态度，甚至连性格也会有很大的改变。

像欧阳修和苏轼这样有才华和能力的人，都能遭遇这么大、这么多的苦难，平常人的人生中也可能会有困难和风雨，要学习他们始终保持乐观、笑对困难的态度。

苏轼会画画，书法也很好，古琴又弹得很好。著名的古琴“九霄环佩”，上面刻着苏轼曾经收藏过的字样。一千年了，一把古琴，声音依然动听，他真是琴棋书画样样精通。

苏轼还有一样本事，是他自己说的：上可陪君王，下可陪乞丐。无论你未来过得如何，都要学习苏轼达观、平易近人。苏轼写的词非常著名，如《江城子》《水调歌头》等，还有诗作《题西林壁》等。

不应有恨

苏轼也在作品中提到“不应有恨”。一个人的成长过程中会遭受种种困顿，可能会对某人某事某种现象心怀不满，但不能对人间有恨。怨恨也会逐渐消散，从少年到中年，再到老年，是一个从对世界不满到逐渐释怀的过程。老年人会追忆年华逝去，很多事情都还没来得及做，会心怀懊悔。但如果年轻的时候奋斗过、努力了，也没有什么遗憾了，老了就会坦然如秋草斜阳般视“去”如归。

苏轼说过，人在写作时，要把自己跟大自然融为一体，把自己当成大自然的一分子。他的心中和眼中之所以有美，是因为他把万物看得和自己一样平等。他到任何地方都能留下故事和趣闻，人们借美食与故事，怀念他的品格。

一个人做任何事情，拼的是人品。我们从苏轼身上学到的更多的是品格的塑造。

仙容宛在

从他留给后世的作品中，我们可以窥见的更多的是他的写作才能，他的文化底蕴。他遇到了恩师欧阳修，和政治对手也成了好朋友。在南京的蒋山，他和王安石见了一面，两个人从政敌到朋友再到至交，用了二三十年。苏轼感激王安石救命之恩，在“乌台诗案”中，是王安石救了苏轼，他劝说皇帝：盛世不可杀士。

保守派获胜后，要批判革新派的王安石，苏轼也从地方回到了朝廷，被贬多年，他一直过着穷苦困顿的生活。大家都在等着他对革新派的申诉和斗争，他却说：我在地方多年，已经证明王安石的变法不是一无是处，有好的地方。

保守派当时就想彻底推翻王安石的变法和造成的危害，没想到苏轼帮助王安石说话，遭到来自保守派的打击和弹压，后来被贬到惠州，这下新旧两党都容不下他了，两年后又被贬到了儋州。躲过了琼州海峡的惊涛骇浪，却躲不过儋州极其艰苦的条件。

但苏轼毕竟盛名在外，很快就在当地安顿下来，许多学子冒险乘船到儋州投奔他。他离开儋州九年以后，海南当地出了第一个进士。一个人在哪里不重要，重要的是你在那里做了什么，以及怎么做。

他一生坎坷，却在中华大地上留下了仙人一般的痕迹。我们要学习他高尚的品格，忠直善良，以万物为友，笑对生活，心中有爱，眼中有美。在写作的时候，我希望你能调动你的耳朵听声音，眼睛看形状，鼻子闻味道，嘴巴尝滋味，手感受质感。能把文章做好了，得心里有文章。

他经历了那么多苦难，我们要纪念他，有些是出于同情和仰戴。我们不能用自己的生命做无畏的牺牲。但你长大后，如果国家和民族需要你奉献和付出，比如说时间的奉献、青春的奉献，你当义无反顾。

中华民族自古以来人才辈出，是英雄的民族、优秀的民族、高尚的民族，更是勇敢的民族，有大爱和大善的民族，是一个有骨气的不可战胜的民族。我们今天正在一点一滴地积蓄力量，稳健地站立起来，希望我们的国家、我们的民族、我们的人民同心同德，携起手来，攻克一个又一个难关。让我们的民族再次强大起来，再次成为世界之“中”。从先人身上学到精气神，学到品德与修养、信仰。

第二课　报国词人——辛弃疾

少年壮志

辛弃疾是豪放派词人，一心想为国家做事。宋代有苏轼、辛弃疾、李清照等著名词人。辛弃疾和李清照因为字号中都有“安”（前者字幼安、后者号易安居士），又生于同时代，故并称“双安”。

辛弃疾生活的年代，家乡山东被金人占领，大宋朝廷南迁，来不及离开的他们则留在了老家。他名字的由来，是因为祖父崇拜西汉名将霍去病，也希望他能像霍大将军那样横扫敌人，所以取名“弃疾”。

生：我想问辛弃疾，他看到国家遭难是什么感受？

师：锥心刺骨，生不如死。亡国破家的人的体会，只有经历过的人才能懂。你长大了应该致力于为国家富强与和平而努力。

辛弃疾少年时经常在祖父的带领下，登上家乡的高山，向南遥望南宋的临时都城所在的方向，向北遥望被金人控制的土地，留守在金人控制下的北方的辛弃疾，亲眼所见长江以北百姓的悲惨生活。普通百姓就像牲口，不可以有自己的房子、土地和私产，甚至没有自由。

一次，祖父让辛弃疾参加进士考试以便到金人的都城燕京（今北京）考察地形，看到了居庸关、长城和金人的防御城池。辛弃疾认为金人虽然勇猛，但他们的兵力不足，并非不可战胜。

报国良臣

祖父去世后，辛弃疾带领家人历尽艰辛南归南宋朝廷，到了临安。他非常希望能够像霍去病一样率兵收回北方失地。南宋朝廷不但不采纳他的建议，而且还考察他、打击他，生怕他是金人派来的密探。

空有报国志向和才能的人得不到重用，他们害怕辛弃疾率兵北上失败，会遭受金人更加严厉的惩罚。辛弃疾始终不放弃向朝廷进言，屡次遭到拒绝和漠视，并因此影响了他的仕途。他和陆游是好友，陆游知道辛弃疾的心愿。范成大也很欣赏他，三人成为至交。报国无望的辛弃疾只好归隐山林，建造了带湖庄园。

写作箴言

和大自然做伴的他，写的诗词内容也趋于平实，情意感人，比如《清平乐·村居》，就是这时期心境的代表作。

师：关于这首词，我希望你能跟辛弃疾学习准确地描述你所看到的景象，做到这点并不容易。你首先要观察得准确，然后思考，眼睛看到的，耳朵听到的，嘴巴吃到的，舌头尝到的，鼻子嗅到的……再用高超、精妙的文字语言表达出来。

这是两种“功夫”，一种是吸收，一种是表达。

吸收的功夫，不仅要有所辨别，还要细致。比如，你看到夕阳的颜色，瞬息万变，将不同色彩的变幻表达出来。比如，夕阳的颜色一会儿像深秋的红苹果，一会儿像小孩脸上的胭脂红，一会儿像妈妈的唇彩，一会儿像盛开的红荷。你能不能把它们准确而形象地表达出来，这需要长期对文字和修辞的学习与运用，积累相当的功底。

夕阳的颜色还有柠檬色、橙色、灰色、金色，厚的云层像浅灰色，夕阳下坠时，阳光给云朵勾上了金边，像滚烫的熔岩。

想写好作文，除了要思考和体验以外，至少还要做到两件事：一是观察准确，一是描述准确、精妙。如果你不能直接说出夕阳的色彩，可以寻找关联事物打比喻。你可以说，一会儿像玫瑰的紫，一会儿像月季的粉，别人就容易理解了。比如，你写的《寻找秋天》里秋天叶子的颜色，一会儿像咖啡里加了点柠檬黄色，一会儿像金灿灿的黄金打造的，还可以像黄土、橘子的颜色。要形象地比喻联想，更要精准、传神。

还要跟辛弃疾学“出神入化”，从他的诗词里就能看出来。跟他学习忠于国家和人民，他从敌国投奔自己的国家，即使遭受排挤、怀才不遇也不后悔，一心造福百姓。他梦想当横扫敌人的盖世英雄，可现实并不允许。

矢志不渝

师：他经历了三四十年的打压，遭受了巨大的苦难和精神折磨。他的志向无非就是帮朝廷收复北方的土地，把滞留在北方遭受压迫和残害的同胞解救出来。昊然，我希望你在未来的人生道路上，如果你的事业和发展遭遇了不公，请你多想一想为国为民舍生忘死的辛弃疾。你要把自己做好，努力提升能力、品德，让别人对你刮目相看。

生：辛弃疾南回，经过扬州了吗？

师：他应该经过了，他们都是我们扬州尊贵的客人，是我们至亲至爱的同胞。扬州从来都是张开怀抱，缅怀和敬重民族英雄、仁人志士的。

辛弃疾的词作里记录了大量的历史，和杜甫相似。辛弃疾被称为“词史”，记载了很多历史事件和当时的情况。希望你能跟辛弃疾学习用心灵写作，这是我一直强调的成长与写作之间的关联。写作的本源就是心灵，心灵里没有怎么能写出更好的？若去抄写，那你的人生就会永远活在别人的阴影里，而没有自我，反而失去了成长训练的最佳时期。

辛弃疾的诗词里始终有一股变化、变幻的风格。他是文武全才，是岳飞式的人物，是南宋最勇猛的文人，比陆游还勇猛。他身高差不多两米，身后的肌肉块像背了个包袱那样雄壮，胳膊能拉满弓。祖父让他从小就骑马、射箭，就是希望有一天他能上阵杀敌、收复北方。他的每一个人生标签都可以在前面加上“爱国”两个字，爱国将领、爱国词人。

辛弃疾为什么如此爱国，因为他留在了被金人占领的山东老家的这些年，看到了同胞深受苦难。他好不容易南下长江，向朝廷呼救，常常涕泗交下。难得的是，他并没有奢望别人能上阵杀敌，而是自己能率阵冲向北方。

宋朝有非常发达的文化、经济、政治，处于世界领先地位，很可惜，宋朝有懦弱的皇帝，一帮崇文轻武的官员和大臣。他们中有不少人只安然于当官治世、写诗填词，对于杀戮、拼命、搏斗反而不擅长，或者偏安一隅的朝廷实在是因为家底子太薄，不足以北上收复故土。

国之桢干

虽然宋朝遭外敌侵略，但每个朝代都有民族的脊梁保护民众，报效国家，这有益于我们强大的文化传统。儒家思想“先天下之忧而忧，后天下之乐而乐”的作者范仲淹，就是那个时代的人。这个时代的文化、政治、吏治已经达到了相当高的层次，甚至到了今天，他们当年的一些制度也不过时。

他们创造了一个辉煌灿烂的文明时代，但群星闪耀的北宋终究已经成为过去。辛弃疾去世不久，南宋组织了一次号称拥有三十万人马的北伐，一战而败，血本无归。南宋不是不想打，是打不了，也打不起了。

可惜辛弃疾最终宏愿难酬。

我希望你以后在有时间读万卷书之外，还要行万里路，跟辛弃疾学习，去看一看祖国的大好河山，将给你更多启示。和平时代当然更加利于读书、做事，也感谢先烈和先辈们为我们创造了这么好的时代，你要永远记住他们的恩德，要为国家富强而读书。

辛弃疾非常勇敢、视死如归。他不但不怕死，反而希望有机会赴死，为国捐躯。辛弃疾南归南宋，被称为“归正人”。一颗红心向着自己的国家，以及一腔报国志愿，让辛弃疾彪炳千秋。相信一千年以后还会有辛弃疾，因为人们会记得他的忠烈爱民与爱国之心。

李白和杜甫遭遇过“安史之乱”，属于内乱，辛弃疾和陆游时代所面临的就是外族的入侵。他们同样是乱世诗人、官员、爱国志士，所面临的状况更艰难、悲惨、屈辱。

如果国家需要我，我定会报效国家！国家在艰难时期，如果需要每个人站起来抵抗外敌的时候，我也必将义无反顾！

新时代的战争形势，已经从冷兵器时代的打打杀杀、攻城略地到了杀敌于无形的境地。从文化、科技、传统、风俗、农业、基因……来打压民族的自尊心、自信心、自强心。今天和辛弃疾生活的那个时代不同了，我们强大了，中华人民共和国有广阔的疆域、强大的军队，有能力应对更多的挑衅和挑战。

家国情怀

其实每个孩子和家庭的成长，都离不开国家的支撑，建设国家的重任就在每个人的肩上。辛弃疾在外敌入侵时做出的选择，跟他感受到的苦难、屈辱、曲折、坎坷相联系。今天，我们要把他的精神记在心底，时常默默地念诵这世间曾经出现过这么一位正义凛然的爱国志士！

虽然战争形势已经改变，我们要用辛弃疾的精神去学习、去成长。缅怀、致敬，就是要让我们更强，才能更好地慰藉先人。我们富了还不行，我们要强；强了还不行，我们要坚硬、坚挺、刚正如铁！谁也撼动不了！我们团结了，强大了，谁敢侵犯？

外敌一直睁着眼睛，所以我们也不能睡。要尽快成长起来，每个人都要强大，要时刻把国家的命运和民族的责任放在心头，这样的学习心愿是不是会更加坚实、有力量？

人不能总想着为自己，要考什么高中，考什么大学，相信那样的学习目标固然需要，志向还可以更远大。如果把国家和民族的命运放在肩上，将来要成为栋梁之材，你是不是要承载得更多，故而不要过多地计较个人得失。

昊然，其实，我在看辛弃疾整个资料的时候，心情很压抑。因为原来我只读到他的“溪上青青草，醉里吴音相媚好”，真的没有想到这位爱国词人经受过这么多人生苦难。我在给你上成长课的同时，也深刻地了解了这位大才子深厚真挚的家国情怀！

致敬先辈

从辛弃疾的身上要学的东西实在太多，他是一座高山，是一座有风骨、有气势、有气魄的高山。他承受了民族的苦难、人生的苦难、家庭的苦难，也承受了他的仕途、事业的苦难。他在苦难当中却能写出那么多让心灵产生共鸣和自由的诗作。这需要多么强大的心灵，将疾苦和颠沛化作“清溪与鸡笼”的平静？

我们在读一篇作品时，要学作者的用意和出发点。我们要学习大作家、大思想家、哲学家……创作意图的本身，他们是我们一个又一个要学习的光辉榜样。他们不会被历史带走，他们始终活着，还将在未来活下去。

有辛弃疾做我们的前辈，也希望他能做我们的老师和朋友、家人。等你将来长大一点，有时间的话，去走一走辛弃疾所待过的地方。我觉得，他的心灵沉默了一千年，能被更好地善待和理解。他是民族的英雄，是民族的守夜人，做了一辈子的“更夫”，他的精神足以照耀千秋万代的后世子孙。

虽然他短短的一生很快就过去了，但是他的精神已经流传下来。很有幸能认识他、走近他，解读他和更多古代先贤。

通过成长课，一段一段人生，一个一个有大才华的人，就这样向我们走过来。好像他们从未离开，还在呼吸，还在奋笔疾书，还在作词，在月光下信步……希望你永远记住他们，把他们的精神用到自己的学习当中，爱国，爱人民，爱生活，爱写作！

第三课　飘零诗圣——杜甫

诗圣的灵感

生：我想知道杜甫写诗的时候，灵感是从哪里来的?

师：唐中后期发生“安史之乱”，都城长安（今陕西省西安市）处于战乱状况。杜甫一家逃难到了成都，建了几间草屋，名叫“成都草堂”，是杜甫和家人暂时居住的地方。杜甫做过小官，命运坎坷。杜甫的灵感来自世间万物。他写的“黄四娘家花满蹊，千朵万朵压枝低。留连戏蝶时时舞，自在娇莺恰恰啼”，就来自对自然环境的观察、体验、思考和想象。

所以，小学生学习语文和作文，一方面是会写，另一方面就是要善于阅读，并能从阅读别人的作品中找到写作的源泉，积累知识，丰富情感与见识。

生：我也一样，在认识晓晴老师之前，只知道要读书，但没有阅读的兴趣，更别说培养阅读习惯了。

师：学习阅读的方法不难，但需要时间去实践和坚持下去。

生：在您的指导下，自从养成了阅读习惯后，不读书就好像这一天的日子没过好，觉得还有什么事情没有做，心里空落落的。养成阅读习惯以后的我，不再害怕写作文，也经常能写出好作文，更培养了我敏感的心灵，保存了我的天性、想象力和创造力。

生：我想知道杜甫生活于战争时代，有没有写过关于战乱的诗。

师：学习一位作者之前，要尽量搜集相关资料，提前学习，做到心中有数。杜甫写了非常有名的“三吏三别”，分别是《石壕吏》《新安吏》《潼关吏》《新婚别》《无家别》《垂老别》，被称为“诗史”。杜甫写诗喜欢采用“乐府体”，他的生活环境接近平民百姓，更希望写的诗人人能听懂。

学过《石壕吏》后，我到现在还非常敬佩那位想要替老伴去服役的老妇。从那时起我就有了一个愿望，如果将来国家有需要，即便再老我也希望去当兵，走不动，爬着也要上战场。

生：在老师的引导下，我想进一步学习“三吏三别”，了解那个时期的动荡和百姓的艰辛。

师：这很好，杜甫写诗来自对社会问题的思考，以及对自然万物的观察、体验、感受、学习，这就像我们学习写作文，要向大自然学习，体验各种场景，去感受、思考才能写出好作文。

扬州的过客

生：杜甫是否来过扬州？扬州是唐代的繁华都市，作为游历天下的大诗人，应该不会没来过吧？

师：当然来过。从隋唐至清朝，过去来扬州有两条水路，一条是从北向南经大运河到达，另一条是从西向东由长江抵达。处在运河与长江交汇处的扬州，交通非常发达，也创造了以水兴城的千年辉煌。

唐代的扬州地形处于扬子湾喇叭口上，每月的农历十五，会有潮水涌进城里，把河道和池塘灌满，甚至还会淹没一些低洼的房屋和道路、农田。杜甫当年来扬州，还能看到退去的广陵潮留下的水渍痕迹。

杜甫问当地人，为什么广陵潮没有了？老百姓便指给他看墙上、桥栏上留下的水痕。杜甫和李白都写过关于扬州的诗，其中提到了广陵潮。学习过枚乘的《七发》的杜甫，前来扬州寻找广陵潮的踪迹，他肯定有点失望。

生：我仿佛看见杜甫正走在唐代的扬州城里，寻找潮水的踪迹。我和杜甫只是匆匆而过的陌生人。看到杜甫徘徊在桥头，感觉他正在酝酿诗句。

师：杜甫和广陵潮如今都成了扬州的过客。

生：我在学校上语文课，感觉杜甫的诗太多，而且总需要背诵，就想找他问问为什么要写那么多诗。但看到杜甫写诗的时候专注的神情，以及对一字一句的认真推敲，我感觉背诵他的诗不再那么困难了。

师：你能这样想很好，作者通过诗词传递出的意境和记录当时的历史、心情，供我们后人学习、借鉴和享受……哪里还会觉得难呢？

战争的阴影

杜甫问我：昊然，你为什么来找我？

我说：大诗人您好，感觉您的诗太多太难背诵了。

杜甫说：啊，非常抱歉。我的诗放到你们的书中学习，还要背诵，那真是我的过错。你知道吗，我当年上学也要背诵大量的古文，也为此十分苦恼。我想告诉你一个背诵的诀窍，想不想知道？

我来了兴致，赶紧点点头。

杜甫说：背诵不要着急“念经”，试图记住每个字，那样做是浪费时间。有效的做法是：正确了解每句话的意思，然后记在心里，充分理解后，再默记于心，顺着读几遍，再默默地记住，就容易背出来了。

我终于明白了，背不出杜甫的诗，是因为没有充分理解诗中的意思。可这也不能怪我呀，我是现代小孩，哪能弄懂一千三百多年前的杜甫写的诗词的意思呢？

杜甫听我这么一说，仰天哈哈大笑起来，他说：是吗？我们要学的“四书”“五经”，离我上学的年代最长有两千多年呢，那该怎么办？

我顿时愣住了，不知道怎么回答杜甫，感觉脸上热辣辣的。

杜甫温和地说：所以，无论是背诵同时代人写的文章，还是古代人的作品，都要极力弄懂其中的意思，才能提高效率。

我还有问题想问杜甫，问问他当年怎么学习、怎么考试、怎么做家务的，他们当年没有汽车，怎么去到很远的地方，以及他是怎么看待战争的。

师：杜甫在战乱中也会紧张、害怕，总是担心官府突然“搜牢”，即搜刮粮食和钱财。他在逃难途中看到的民房，十家当中已经有九家没人居住了。老百姓纷纷逃难，有的已经死于战乱。田野荒芜，茅屋被废弃，野狗乱跑。这对发动战争和被迫迎战的双方都不是一件好事。

离乱的诗人

师：想写出好作文，一是向生活学习，二是阅读，尽可能地多阅读。

生：我最想知道杜甫读书有什么秘诀，他是那么有名的诗人，在读书上也一定有自己的心得吧？

刚想问杜甫，杜甫却突然不见了，我的眼前出现了守卫把着门，我也进不去。杜甫赶紧出来，跟守卫解释是他请我来的，把我带到他们家。他家有很多书，书架上有很多竹简。杜甫指着地上堆放着的竹简说：这些都是我拼了命也舍不得放弃的宝贝，逃难这么远，可费了好大劲。幸好不值钱，不然会被那些为非作歹的官兵和强盗抢掠了去。

杜甫给我介绍那些书是怎么来的，有的是他抄写并用刀刻出来的，有的是他借来没法还的，还有皇宫里的几卷孤本。杜甫说着说着哭了起来，他家有不少藏书，发生战争后，能带在身边的就这几十卷，那些留在家里的，估计都被烧掉、毁掉了。

战争太残酷，毁灭了诗人和无数人的生活，百姓没法安居乐业，更不能很好地进行创造和建设。

杜甫喜欢和平时代。任何时代都有缺点和优点，就像唐代，开放包容，但问题是藩镇割据，对地方势力缺乏制约，所以才会发生叛乱。

历史的尘埃

生：他在困难的时候吃的东西是什么样的？

师：史书记载，他的伙食很差，经常吃不饱。稻谷和小麦都要自己舂成稻米和面粉，很累人，也很费时间。一家人为生活奔忙，就连穿的衣服也要自己织布、裁剪、缝纫，花费了大量的时间。

生：我听到杜甫这么说，很是感慨，我们今天生活的便捷程度，是杜甫那个时代的人不敢想象的。

师：是啊，现代化生活为每个人节约了大量的时间，可用来学习和吸取知识，而不仅是用来玩乐和享受。人们有更多的精力和知识变得越来越强大，人类会发展得越来越快。

生：通过了解杜甫的生平，我更喜欢今天的生活，让我们懂得要珍惜时间。

师：杜甫睡觉的地方，只是在高台上铺了一张芦席，寒冷的冬天，只有一床窄小、破旧的薄薄的被子。唐代普通人家几乎没有像样的家具，椅、桌等家具主要在上层社会流行。随着生产力的发展，从宋代开始，家具才渐渐地进入寻常百姓家，但也很简单粗糙。所以，从汉代起就有“吃席”，就是主人家办酒席，没有凳子和桌子，仅在地上铺一张张芦席，客人围坐在一起吃喝聊天。

战争的心灵

师：战争是非常可怕的，在抗日战争时期，中国远征军由于后勤补给困难，征召了七千娃娃兵，最小的只有九岁，成年男子没有了，那时像你这么大的也走上了战场。背弹药，送弹药，送吃的，抬伤员，他们那么小就要肩负起保卫国家的重任。我们生活在和平时代，更应该加倍珍惜现在的幸福生活，努力学习。

“诗圣”杜甫是大文豪、大文学家，他的许多作品中记载的都是鲜活的历史，他抒发的情感真挚感人。我们在写作文的时候，也应该注重把情感表达得动人、感人、令人难忘。

生：我们从杜甫身上要学习什么呢？

师：每个人就是一座高山，有关杜甫的生平和知识太多了。集中地、课题性地去学习这些古人，了解过去、现在和未来时代的人们的生活和创作，对你的成长会有极大的好处。

生：我想问杜甫，他有没有观察过别人的生活？

师：肯定会有。观察是一种习惯，要学会随时随地地去观察别人，生活中的事情、人物的言行举止和神态，这是一种习惯。而不是老师课堂上讲了，你就去观察一下，要从观察具体的事物做起，掌握观察的正确方法，养成观察的习惯，提升观察的能力。

生：比如在学校的时候，我会观察老师和同学，知道某人开不开心、快不快乐。

师：其实每个人的五官和身体都是一扇扇窗户。说话的语调轻快，他就是快乐的。比如某人今天特别疲惫，说话提不起精神，可能是累了。写作文的时候，可以写得更加细致一点。说话的状态：疲惫地说、缓缓地说、仰在沙发上说、闭着眼睛说……仅仅表示说话状态的词语就有这么多种类。还有动词的区别：他“瞟”了我一眼，他“挖”了我一眼，他“直视着”我，各种“看”所传达的信息都不一样。

写作就是培养每个孩子的观察力，希望你能通过对杜甫的学习，养成观察的习惯，热爱、珍惜和平。每个人都应该携起手来，共同创造属于民族的、国家的大美未来。

师生的愿望

生：杜甫的那些诗是怎么流传下来的？

师：因为那些诗容易传唱，那时候也有出版，民间出版，个人或官方出资刻印成册，给学生学习，一代一代地传下来的。

师：如果国家有需要，你会去当兵卫国吗？

生：会的。我要成长为能保护父母、家人、朋友的人，还要保护国家和人民。

师：昊然，我期盼着你长大，成为国家的栋梁。多学习些本领，成为百姓的依靠。一个孩子到世间来，成长的方式各有不同，但都希望成为对社会、对国家有用的人才。

生：我要向诗圣学习，学习他珍惜时间、勤奋创作、观察生活、热爱和平、同情百姓，以及直面困难的品格。

师：我想陪伴他重走一回逃亡之路，伴随他和家人夜宿在星空下、寒风和雨夜里。想帮他修建坚固的水泥房子，不让他的茅屋被大风吹破。想让他再到扬州来，因为今天的扬州生活更加美好、社会和经济更加发达。

生：这堂成长课，杜甫并不存在，所有关于杜甫的对话和陈述都是晓晴老师扮演和完成的。我在视频中看她，一会儿像杜甫，一会儿像她自己。她为了给我上课，每堂课都要准备很长时间，所以才能在课堂上给我讲解得生动、传神。

总有人问学生喜欢什么样的老师？

我不知道别人，但我知道我自己。我喜欢友爱的、博学多才的、幽默的、大度的、具有超高能力和素养的、始终热爱学习、不断进取和奋进的老师。这正是我的晓晴老师。她是有良知的作家，还是成长的帮手、心灵的捕手、热心教育的社会学者。

第四课　扬州旧友——孟浩然

扬州旧友

孟浩然是盛唐时期写田园诗第一人。

我直接穿越到了孟浩然生活的时代。孟浩然很喜欢扬州，希望来生能做一个扬州人。他的代表作有《宿建德江》："移舟泊烟渚，日暮客愁新。野旷天低树，江清月近人。"还有一首诗中提到扬州："建德非吾土，维扬忆旧游。还将两行泪，遥寄海西头。"

"维扬"和"海西头"都是扬州的旧称，能在一首诗中两处提到一个地方，可见孟浩然对扬州和当地友人的眷念深情。这首诗的名字是《宿桐庐江寄广陵旧游》，广陵也是扬州别称之一。想到广陵的好友，想得泪水都涌了出来。他的家在湖北，一生多次到过扬州，或游学，或结交朋友，或旅游。

很多大诗人都来过扬州，尤其在唐代，如李白、杜甫、孟浩然，他们与宋代的欧阳修、王安石、苏轼都是扬州的常客。孟浩然和李白在旅行过程中认识的，他们至少见过两次，其中一次是李白写诗送他来广陵。

生：孟浩然写诗很有文采，那文采究竟是什么？

师：文采是指一个人富有艺术才华，写文章时讲究意境、用词精美。

生：采是彩色的彩，还是采撷的采？

师：文采泛指文学才华，体现在引经据典、修辞方面，实际上都是作者在写作过程中的“采”取和“采”摘、“采”用，和内心有感而发的叙述与抒情，是掩盖不住的、自然流露的。写诗需要才华，但更需要对生活的观察和内心的感受。

生：要怎样跟孟浩然学习文采呢？

师：首先要把自然万物当成自己的朋友、家人、知己，当它们是活的，有灵魂的，有生命的，有情感的，用自己的心灵和它们对话。比如一棵树，不是一棵简单的物体的树，而是有人格的树。如果它正站在寒风中冻得瑟瑟发抖，如果让你设计一个对话情境，你会说些什么呢？

生：我会问树：你为什么不生活在温暖一点的地方呢？我听到它回答我：我站在这里很冷，也希望到暖和的去处。也许它还想和我成为朋友。

师：哦，那对树而言可能是一个愿望。再比如天上的一片云，它的家在天空上，无处不在，你的家也是云的家，你和爸爸妈妈就是三朵云。想象让我们的生活特别美好。你们一家三口还可以是天上的三颗星星，祖国花篮上的三朵花，大地播撒的三粒种子，还是上天赐予地球的三份礼物、三只相亲相爱的小鸟、三滴水珠、三种宝石、三缕风……

生：我和爸妈是三颗星，妈妈是金色的，爸爸是蓝色的，我是白色的。

师：你要具备无尽的想象力，才能学到孟浩然那样的文采，文采不是靠抄袭来的，一定是靠自己的想象生发而来的。有文采，还要有细腻的情感，表达的能力。

会照顾自己的诗人

师：孟浩然隐居的时候只带了几十本书，找一处隐秘的地方，建了两间茅屋。其间，他自己照顾自己，自己种地、种菜、浇水、施肥，还要劈柴、做饭、补衣服、洗衣服、打扫庭院和屋子、修理漏雨的屋顶，甚至还会自己砌灶台。

如果自己都不会照顾自己，一屋不扫，何以扫天下呢？因此，我们要学习做日常家务，照顾自己也能照顾别人，如做饭、修理简单的电器、通下水道，无论你将来对父母行孝道，或者自己有了家庭和孩子，都应该对家务特别熟练。人生幸不幸福的关键之一就是能否照顾自己和别人。

生：我的家务计划已经开始执行了，洗碗、端饭、擦桌子、扫地等。父母总会老去，我的责任是让自己变得更好，可以更好地照顾他们，这也是从孟浩然身上学到的。

孟浩然在历史上的扬州有那么多好朋友，假如除了会写诗，不会照顾别人，对别人呼来喝去，哪里还会有朋友喜欢他？

师：有良好的照顾别人的习惯，会为自己赢得深厚的友谊，让家人快乐、幸福，不要小看做家务。

注重友情的诗人

生：我们要跟孟浩然学习自信。他当不当官、穷还是富，都不会去巴结别人，乞求别人的帮助。人在任何时候都应该相信自己，不是自大，是自信。

隐居生活给孟浩然接近自然的机会，他观察一年四季的变化，得到了很多启示。我们自己的家并不是第一家园，大自然才是，也就是我们生活的地球。

我们还可以跟孟浩然学习和朋友相处之道，对待朋友要宽容，要舍得花时间、精力，待人要坦诚。他在外地还能想到这里的朋友，可见广陵人是多么好客，给他留下多么深刻的印象，就连李白也为他写下了热情洋溢的送别诗。

上课时，晓晴老师让我背诵李白写的《黄鹤楼送孟浩然之广陵》，我怕背错，声音很小。老师说，声音大一点，口齿清楚一点，对错跟声音大小没关系，也不要怕犯错。学生在课堂上是要学习的，人只要学习，就可能犯错，要有勇气试错，才能改正错误。有不足就要改正，老师带着我一遍遍地发音，纠正错误。

可我还是有点紧张，背诵作者名字的时候，把李白背成了白居易。老师说怎么把李白的诗送给白居易了？白居易如果知道了一定会大喊，怎么有小孩送我一首诗呀？

我很不好意思，定了定神背诵了出来：故人西辞黄鹤楼，烟花三月下扬州。孤帆远影碧空尽，唯见长江天际流。

师：读书时，要把嘴巴打开，自信、大声、字正腔圆地朗读。

读书的时候、学习的时候，要学会运用记忆方法，提高学习效率，如果没有超强的记忆力和专注力，想取得好的学习成绩几乎是不可能的。

第五课　写实高手——白居易

想象力高手

白居易的诗家喻户晓，如《草》：“离离原上草，一岁一枯荣。野火烧不尽，春风吹又生。”《暮江吟》：“一道残阳铺水中，半江瑟瑟半江红。可怜九月初三夜，露似真珠月似弓。”……《与梦得同登栖灵塔》所说的栖灵塔是扬州较为有名的建筑，这说明他来过扬州。“扬州是个好地方”，真是从古“赞”到今。

生：我为我能生活在扬州感到很幸运，我很热爱家乡扬州。

师：我很喜欢白居易的《暮江吟》，把景物真实写出来了，展现了丰富的想象力。“露似真珠月似弓”，多么美好的想象。如果你在写作的时候能运用想象力，文章也会很吸引人。把“原上草”比作“王孙”，一茬又一茬，野火烧都烧不尽。“绿蚁新醅酒”中将酒面上细小的绿色泡沫比作蚂蚁……

从大自然和生活中培养出的源源不断的想象力，对少年儿童的成长非常重要。

想象力要打磨

生：我特别想和白居易谈谈，他的无穷的想象力怎么来的，又是怎么才能做到把想象力写得这么真实的？

师：白居易会告诉你，他是从生活和观察中得到的。

生：什么样的想象力才能传神，让读者神往？

师：想象力的发挥，首先要合理，合理之后还得优美，语言也要有美感。有了好的想象力还要思考，要选择。比如露水可以像十样东西，但九月初三夜晚的露水像什么，就应该选择一下，选择那个最贴切的。把露水比作珍珠就很美，如果比作别的事物，就很难获得这样美的享受。非常高级的、贴切的、传神的想象力，是要经过加工的，不能说想到什么是什么，想到这个就用这个。比如把月亮比喻成烧饼和新磨出的镜子，哪个更适合你要的写作效果，没有好坏之分，只有哪个更合适。比如一个孩子饿了，看到月亮，用像个大烧饼就更合适。

要敢于说真话

白居易号“香山居士”，喜饮酒，写了许多饮酒诗，如《不如来饮酒七首》，被称为饮酒诗人，还被称为“诗魔”和“诗王”，和刘禹锡并称为“刘白”。

生：我想了解白居易的家境如何？

师：他的祖父和父亲都做过县官，他自己也当了很大的官，这在古代诗人中并不少见。

唐代诗人写诗就像现代的孩子造句、写作文，是童子功，从很小的时候就已经开始。白居易当年读什么书、写诗的心得体会、游玩过哪些地方、人生的经历如何？他的性格跟杜甫差不多，特别敢说话，说真话、说实话、说容易得罪人的话。

年少的人应该学习白居易敢说真话的品格。昊然，你的基础很好，平时很爱思考，这点和我很像。

生：我确实喜欢思考，脑子里的想法就像瀑布一样，源源不断地从悬崖上飞奔而下，飞溅起想象的浪花。

讲真话有代价

师：白居易才华横溢，他当过太子的老师，教的是未来的皇帝。当太子并不轻松，骑马射箭、书法典籍、算术历法等都要学。做太子的老师很多时候并不意味着荣耀，而是责任。

白居易当时教太子哪些方面的知识并不明确，白居易通过科考晋升，除了能教太子写诗，还可以教常规功课。太子还要懂得领兵打仗、粮草兵马等军事知识。

白居易本人做过皇帝的“秘书”，诗写得好，官做得也好，这是个比较少有的仕途顺遂、生活幸福的诗人。他还可以教太子写公文、公函等，还有重要的祭祀文章，还可以写赞颂文。

生：作为今天的人，要跟白居易学习什么呢？

师：白居易写过很多长诗，代表作有《琵琶行》《卖炭翁》等，都是千古名篇。他能用诗的表达方式，把内容写得很真实。你们平时写作文要写得真实，在小学阶段，通过写作文学习“写得真实”，是硬性的考核要求，更是提升写作能力的重要要求之一。

白居易对皇帝忠心耿耿，有一次因为说的话太直被贬到地方，任一个很小的官。

生：把真话说出来了，为什么还要遭到惩罚？心里会很难过吧？

师：这就是另一回事了。白居易的才华很高，皇帝很赏识他，他觉得应该用忠心回报皇帝的厚爱，就应把真话告诉皇帝，但皇帝非常不高兴，不喜欢他留在身边。白居易也很难过，所以也不敢再说真话。

从此以后，白居易变得沉默，他一直在想，为什么皇帝不想听真话？皇帝有皇帝的难处，说了真话可能会得罪别的大臣。

生：他当时明白这个道理了吗？如果明白了，心里或许会好受点。

师：他或许能想到，或许想不到。毕竟当时究竟发生了什么，我们没法知道。白居易写诗这么好，除了有天分之外，也离不开良好的家庭教育。

才自刻苦来

师：白居易为什么喜欢到处旅游？是为了寻找写诗的灵感？还是为了积累生活的经验？他四处去观察，可以放宽自己的视野、交到更多朋友，可以和新朋友、诗人谈话，增加自己的阅历。古代有很多私人学校（书院），他还可以去听听课，增长见识，结交朋友。

白居易读书很刻苦，读书读得嘴都生了疮，写字写得手上老茧都磨出来了，年纪轻轻就白了头发。那么聪明还那么努力，要不然怎么能成为留名千载的大文人？想更加优秀，就要更加努力、更加刻苦地学习。

他在旅行的时候，了解到许多民间疾苦。皇帝因为他的诗写得好，提拔他当官。他跟皇帝说，我要当言官，向皇帝谏言。他把看到的很多现实告诉皇帝，令皇帝非常生气。皇帝说：我提拔了你，你为什么对我说了这么多我不想听的话？

白居易却认为，有人跟皇帝反映真实的情况，让皇帝掌握实情，为什么他还不高兴？皇帝说，你看到的是不是真的，朕怎么去辨别？为什么非要相信你说的话，还总是挑朕的错？

皇帝身旁的官员李绛劝慰皇帝：白居易对陛下很忠诚，说了很多真实的话，你千万不要因为生气而惩罚他。

生：唉，我好像看到白居易正在发呆，不想吃饭，人都瘦了。白居易因为说了真话被贬到江州，我想安慰他说虽然皇帝惩罚你，但皇帝后来也明白过来了呀。

后世之表

白居易非常能干，时刻把民生放在心上，为很多地方建造了水利和民生工程，造福百姓。

生：他为什么要做这些呢？

师：昊然呀，你要知道，做人就要对家人好，而他做官，就应该对一个地方的百姓好。他把老百姓当作家人和父母，他们的困难就是他的困难。为官一任，造福一方，是圣人留下的教诲，也是他此生的愿望。希望你将来长大，也做一个造福百姓的人。

后人为了纪念他，把杭州的白沙堤取名“白堤”，把疏浚苏州山塘的河时挖出来的土堆称为“白公堤”。

生：我想问他，人们这么怀念你，你有什么想法？

师：白居易会很谦虚地说，我做得很少，后人却记得我很多，这让我感到不安。如果时光还能重来，我一定会做得更好！

怎样才能被后世敬仰

白居易注重友情，和刘禹锡是非常好的朋友，他给去世的朋友写墓志铭，朋友家给了他几十万钱，他把钱全部捐给了香山寺。他非常喜欢那里，很可能曾经在那里隐居、读书、修行。他喜欢佛家，也喜欢道家，喜欢养生。

白居易这样的文学大家，为人这么好，在任时做了很多贡献。后人应该记得他！

师：昊然，你知道吗？能被后世记得的人，一定是在世时做过很多好事的人。清代扬州书画家郑板桥就是这样的人，他一生清贫爱民，在范县、潍县做过功在千秋的好事。当地人民一直很爱戴他，建造纪念馆，弘扬他的功绩。

生：如何做一个被别人惦记和想念的人？

师：要对国家或他人做过贡献，要在自己能力范围之内尽可能地做好事，造福众生。比如做企业，就应该对员工和社会有所贡献；做公务员，也要用自己的职业和职责造福别人。

话要适当说

别人喜欢听的时候就多说几句，别人不喜欢听就尽量不说，学会思考之后再说！你要记住这些教诲，要跟白居易一样刻苦学习、不怕艰难、坚持真理，将来造福众人。真话要说出来，也要懂得保护自己，换个方式和角度说。

生：您说妈妈低估了我的能力和情商，我是天生的思考的种子。老师今天送我四个字，在以后的人生道路上，尽量——避开危险！

师：你以后在做选择的时候，要懂得避开风险，要懂得保护自己，也要保护别人。

现在关键要跟白居易学习想象力在作品中的运用。要经过长期的训练，要选择、比对、恰当地运用。每一位非常高尚的、能力非常强的、名声非常响亮的、伟大的哲学家、文学家供我们学习的品德还有很多很多，正所谓学无止境。

第六课　月中神仙——李白

“不得开心颜”的诗人

《静夜思》是李白在扬州写的，他喜欢上了扬州。李白能写出这么多浪漫的诗，可见其强大的想象力，这种能力太重要了。

他不喜欢过拘束的生活，尽管皇帝喜欢他，想留他在宫中，但自由惯了的他还是不习惯。他请辞回乡，皇帝送给了他一笔安家费和盘缠，他离开了宫廷。

《全唐诗》里的扬州

师：李白和杜甫是在洛阳认识的，还认识了贺知章和其他几位著名诗人。李白酒品豪放，才华横溢，特别喜欢交朋友。我是这样理解朋友的，在关键时候要帮助对方，不求回报。在朋友遇到困难时，要尽力帮忙。在交朋友的时候，舍得花精力和时间。友情不是等价交换，不要想着我对别人好，别人必须得回报自己。朋友之间，我们只能做到要求自己对别人好，不能想着别人要对自己好。

生：我在学校也有很多好朋友，无话不谈的朋友也很多。我是班长，当班长的体会就是努力把自己做好，还要为全班做好表率。

师：很好，在自己先好的情况下，再带动别人好，要为同学们服务，不要搞特殊，认为自己有特权。

生：如果有同学特别调皮，我一般不会向老师告密。如果他实在太调皮，把别人惹生气了，我才会告诉老师。

我想像李白一样充满想象力，学习他年少时读书很用功、爱交朋友、爱旅行，不能学他爱喝酒没有节制。可能是因为他太有才华了，所以才会恃才傲物。

师：据传由于唐代科举制度的限制，他没有资格参加科考，所以，我们要珍惜今天的公平、平等的学习机会。

清代曹寅等人奉命在扬州刊刻《全唐诗》，其中选取的诗作有很多是写扬州的，李白、杜甫、孟浩然都留下了许多千古名篇。臣子们选好稿子送给康熙帝审阅，皇帝问：怎么选了这么多写扬州的诗，你们是不是有意这样做的？

当时的主管说：皇上，唐代时扬州是繁华的大都会，很多大诗人都在这里留下了佳作名篇。我们选的是诗，而不管它写的是哪里。即便删除了很多专门写扬州的诗，还是有很多描写扬州的诗。康熙皇帝看到了诗中的扬州这么美，于是到了扬州，有意停留。清代的皇帝大都喜欢扬州，很大程度上是受诗歌的吸引，此言不虚。

李白的月亮

师：李白为什么能写出那么多浪漫的诗？一个是他的性格，然后是他的创造力，再有就是他去过好多地方。你以后也要多出去看看这个世界，去很多地方旅行。

李白写了那么多月亮，是因为旅途上很孤单，大多时候跟月亮做伴。他是那么深爱着月亮，相传最终也因月亮而死。他在当涂县，当晚喝醉了，想要捞起江中的月亮，恍惚间不知道月亮在天上还是在江底，结果就溺水而亡。一代大诗人就这样离开了人世，重回到天上继续当神仙去了。

李白五岁就刻苦学习，六岁就能背诵当时的小学课本。他能成为大诗人，绝不仅是天赋使然，当然还有勤奋。

李白曾经在山里开辟了一间石屋，自己耕种，自己做饭，一个人读书。但平淡生活还是被打破了，就是“安史之乱”。杜甫的诗偏写实，李白写的诗则充满浪漫气息。

《静夜思》里的扬州月

李白喜欢月亮，走的地方太多了，看到了月亮，想到家人也看到了月亮，盼着他回家。在外赶路，晚上只有月亮陪伴他。月亮成了好朋友，好伴侣，自然会被写进诗里。

据说，李白的《静夜思》就是在扬州现如今的青莲巷写的。“青莲巷”是扬州人为了纪念他而建的。李白仰头看到了扬州腊月十五的天空，悬挂着一轮明亮皎洁的月亮，不禁诗兴大发，写下了这首千古名诗：床前明月光，疑是地上霜。举头望明月，低头思故乡。

李白病了，或许因为感染风寒，正在发烧，或许因为思念亲人和万里之外的家乡，只有明月才能照到他思念的地方。

李白写了一辈子关于月亮和月光的诗，又回到月亮上去了。他是月中神仙，在夜空里遥望着地球上的人间。李白也许会看着你我，在谈有关他的往事。

告诉你一个秘密，扬州的月亮，最亮的时候是李白写的那个夜里，它明晃晃的，简直能使人在月下读书。那光辉，像是从宇宙里飞到地球上的。

第七课　豪情千转——刘禹锡

性格与才华哪个更重要？

生：与柳宗元并称“刘柳”的刘禹锡，也来过扬州，并写下诗句。刘禹锡一生多次被贬谪，这可能跟他的性格有关，我以后要避免因为性格问题而给自己的生活带来困扰。

师：性格刚毅果断是好事，但是冲动不可取。刘禹锡的命运几次起落是有原因的，他很有才华，别人贬他是受不了他的性格。多次把他提拔起来，是放不下他的才华。

如果一个人有才华，性格又很好，又很有内涵，难道会不受欢迎吗？反之遇事就跳脚，要跟人吵架辩驳，用火暴脾气、钻牛角尖的方式解决问题，这样既伤了和气又损了形象。火一样的性格，容易烫伤别人，那就不能学习。你我要学习别人性格中的优点，要有所取舍地去学，不能凡事照搬。

做人要刚柔并济，不能刚愎自用。在任何时候都应该这样，比如你跟妈妈、老师、同学聊天就不能刚，你以为大家都敬着你，实际上是讨厌你、害怕你。你会失去朋友、长辈的帮助和爱护。在某些事情上要表现出勇敢，要有智慧和气魄。要做几件事让人信服，做几件事让人爱（认同），比如公益捐赠等，总之是对别人有帮助的。

诸葛亮做事有谋略，战事来了，按照他这个儒生的计划打赢了，张飞和关羽就渐渐地信服他了。总结起来就是实力和能力、品质和品德、公德和公心，得服众。如果你长大后想当团队的领导者，就需要对自己有高要求。想要管理好别人，就要变得更加优秀。领导十个人和领导一千个人，对能力的要求是不一样的。

想要带领更多人去奉献和奋斗，就应该更加严格要求自己去学习和探索，同时在品德和素质上也应该有更高的要求。你开办一个公司，当一个城市的市长，领导一个师的军队……对德和能的要求都不一样，这就是"德"和"位"的相配，不然就会"德不配位"。只有在能力、品德、素质兼备的情况下，才有更好的舞台。比如唱歌，如果不会唱，即使有舞台也不能上，不然就会露怯、丢人。很多时候成名、做事不能着急。

天赋与努力哪个重要?

刘禹锡写的诗："巴山楚水凄凉地，二十三年弃置身。怀旧空吟闻笛赋，到乡翻似烂柯人。沉舟侧畔千帆过，病树前头万木春。今日听君歌一曲，暂凭杯酒长精神。"他写了很多首关于扬州的诗。他也写过关于南京的诗，就是著名的《乌衣巷》："朱雀桥边野草花，乌衣巷口夕阳斜。旧时王谢堂前燕，飞入寻常百姓家。"还有《陋室铭》，也非常有名。

历代帝王将相、才子佳人、平民百姓都会从《全唐诗》中得知诗中的扬州，成为他们梦里的扬州。人们夸赞扬州是个好地方，不光扬州地方好，写扬州的诗也很好，写扬州诗的诗人们也很好。

清代有个说法，诗人来扬州都不敢说自己会写诗，因为扬州本身就是一座“诗城”，各种大小诗社星罗棋布，寻常人家如打鱼的、卖菜的、撑船的都会写诗。扬州还是一座“艺城”，刘禹锡心里、眼里、梦里的扬州，就是我们现在生活的地方。

每位诗人都有优点，值得我们学习。学他们的诗，有经典的、有价值的、能长久流传下去的。还有一些人们并不熟悉的诗，其中也有精品和佳作，那些作品也是美的、善的，是有自己的气质和风骨的。

你看了《陋室铭》以后，跟同学们比吃、穿、车、房，还是比学习和品德？

生：我不会比的，比如穿名牌，实际上并不能给我们带来长久的有价值的东西。我们花的一分一毫，都是父母辛苦挣来的。只有自身能力、品德、素质等都不断地提高，才能有更好的未来。

师：凡是有大造化、大成就的人，学习都很刻苦、用心，不会凭空得来。

生：我感觉这堂课收获很多，在跟您讨论古代文人的过程中不仅增长了知识，而且思维也越来越灵活。您说我在成长，在发生变化。学习别人的人生经历，也是成长的一个重要途径。

学习刘禹锡的哪些方面？

刘禹锡的母亲去世，他在家守孝三年，这是孝的表现。母亲是把他带到人间的人，母亲去世，应该陪伴亡灵三年。工作要做，家人也要尽孝。

师：刘禹锡被称为“诗豪”，他的诗中透露着雄浑老练、沉着痛快。因为要给你上课，让我重新认识了刘禹锡，我会把刘禹锡写进《扬州童话》。不是因为给你上课，我不会如此关注刘禹锡。文化的注意力，很多时候投射在第一流人物和作品上。我要你学习刘禹锡——遇事果断，还要有豪气和豪情、豪迈；学他仗义执言，某些事明知道说出来会有危险，也要坚持自己的观点；还要学他孝顺，成长是一点一滴的积累，从一个人身上学习一点，最后就会有很多优点和好的品质。还要学习刘禹锡把天分和才情释放出来，保存和保持良好的个性和创造力；他的诗中有很多不管不顾的勇敢，诗写得美轮美奂、豪情壮志、气吞山河，又富有哲理；他作品的气质一会儿能高上天，一会儿能低到地下。在诗作的开合和维度、情绪的酝酿方面，他都是极致的高手。

人们在学习的时候，大多只学个大概，既不能当最好，也不会做最差。但如果一直学到高层次，学识就会比别人丰富、宽广，所以刘禹锡的诗，我想我应该读一读、学一学，他有别于其他诗人，没有套路，诗里都是他真性情的流露。刘禹锡的诗在李白和杜甫之外自成一家。

屡遭打击的刘禹锡，不改宿志和夙愿，秉公办事。刘禹锡的诗气象开阔、气势宏伟，篇幅狭小、意境萧瑟都不是他该作的。他的诗能上天入地，能穿透人的灵魂，能够通过文字，像魔法一样把我们的感觉抓住。

很多人写诗只是写诗，刘禹锡写诗能把自己的气息放在里面，你能感觉到他的诗是活的，他在跟你描述几样景物的时候，他是在用心、用情、用他的灵气，调动他的所有精神、情感在写诗。

刘禹锡热爱观察生活，爱思考，还要去体验，一再地回味和加工。创作是能给人带来欢乐和幸福的，揭示这个世间的真理，为这个世间所有的物、人去说话。你可以让任何一个物件说话，还可以让任何一个不存在的，或者存在的人和物说话。可以凭想象创造，也可以真情实感地去写，创作的本身远远高于作文的快乐。

生：跟老师学了以上几位诗人，我发现我从不同的人身上学到不同的品质和能力，还需要把一些坏习惯改掉。

师：我担心你学得太好，而不是担心你学不好。你比许多同龄孩子想得多、想得透、想得全面。妈妈最爱你，最懂你，最理解你。我希望你一生一世都爱你的妈妈。妈妈是你思想的保险箱，是你情感和知识的锦囊。

生：老师，您曾告诉我，我是因为妈妈才来到这个世界上的，不是因为妈妈生了我。而是我要和妈妈生活在一起，成为一家人。您还幽默地让我介绍在“天上”挑选妈妈的心得体会呢。

师：孔子说过，学习古人的知识，可以增长智慧，能改善我们的气质，因此有些品德和素质已经深入到骨髓里。

给你上文学家的成长课，我也会在教学中成长。让我重新认识一些人和一些诗，比如刘禹锡。因为一个小小的思想火花，就可以长成一棵思想的大树。

创意思维的小种子轻得可以被风吹走，一旦落在地上，有水、有阳光和空气、有营养，就会长成参天大树。

第八课　河东先生——柳宗元

为什么要热爱大自然？

师:《江雪》:“千山鸟飞绝，万径人踪灭。孤舟蓑笠翁，独钓寒江雪。”柳宗元在写这首诗的时候非常孤独，天气寒冷，鸟儿回家了，路上的行人不见踪迹，一位老翁孤独地在江上钓着鱼。那样寒冷的冬天是很难钓到鱼的。

生：我很喜欢这首诗，时常想起诗中孤寂旷远的意境，字里行间都透出深深的孤独。孤独有很多种，人有时候乐于享受孤独。

老师带领我了解大诗人的童年时光，从另一个角度为我解析和解构了一个人的成长。

师：柳宗元得益于他妈妈对他的教导，妈妈带着他生活在长安西郊的庄园里。小时候就接触到了奇趣的大自然，四季的变化、草木的生长、百鸟飞翔，都给小小的柳宗元以最直观的感受。他的妈妈也是名门之后，非常有文化。

师：柳宗元的妈妈对他的教育非常重视，对他的影响很大。古时候还有其他几位伟大的母亲，比如韩愈三岁时，父亲就去世了，是寡嫂郑氏把他抚养长大的。还有欧阳修的母亲，著名的欧母，丈夫早逝，独自抚养儿子艰难长大。欧阳修的父亲欧阳观在任泰州通判时去世，年轻的母亲抱着四岁的欧阳修千里奔丧，扶着丈夫的棺木回到家乡江西永丰沙溪安葬。

柳宗元做官的时候做过很多好事，在地处偏远的永州兴办学堂，让穷人家的孩子去上学。他还亲自教学。过去人想要考进士，先要经过秀才、举人的考试，要读很多很多书，其中有一种书就是中医药学。因此，很多读书人会开药方，或者会药理。

柳宗元在永州不仅给当地人治病，推广医学，还积极凿水井，开荒地，建学堂。他一生也是多次被贬，到了柳州、永州，所以才有《永州八记》。柳宗元在永州时，写的多是很小很小的地方，一潭深水、一泓溪流。八篇“记”写成了历史上的千古名篇。

生：他写大自然的功力是什么时候养成的?

师：小时候他妈妈教给他的和从大自然中感悟到的。就像你写的作文《寻找秋天》，是那么富有灵性。等你长大了，如果错过了对大自然的观察和感悟能力的培养，就写不出那样的文字了。人很小的时候，会对大自然产生浓厚的兴趣，很多能力是要从小时候开始培养的。

爱上大自然，才能写出好文章。柳宗元是一位好官，还是一位好诗人、好作家，更是一位好的先行者，比如引领古文化运动。历史上出现的非常著名的也就那么四五次，如柳宗元、韩愈等倡导的古文运动，还有近代的陈独秀、鲁迅和胡适等领导的新文化运动，都具有划时代的意义，令他们名垂青史。

他改变了人类文化进程

古文运动是因为时代在发展，书写方式和材料发生了变化，过去的表达方式和古文字的没落，已经不符合新时代的人们交流、书写的需要。从过去的龟甲刻写、石刻、铭文到竹简，文章很短，字很少，因为书写和雕刻起来实在太难。到了隋唐时代，有了纸和帛，写的字就越来越多。宋代的时候发明了活字印刷，尤其是造纸技术的发展，文章的内容越来越长，过去那种高度简练的表达就不适用了。

历史上的韩愈、柳宗元是并驾齐驱的。

柳宗元写了不少散文，《种树郭橐驼传》《捕蛇者说》等都是学生课本里的“常客”，他和韩愈是“唐宋八大家”里的两位唐朝代表，都是古文运动倡导者。

人类文化、文学、文字都是无比闪耀的星星。我们的世界要有更多的开拓者和先行者。如果他们和无数没有留下姓名，对古文做出过卓越贡献的人们一样不去开拓和改变，我们今天的表达和交流会存有诸多障碍，甚至造成社会落后。

你要跟柳宗元学习热爱人民、热爱大自然、热爱写作。柳宗元的写作和教育的观点，在他的很多散文内容中已经体现出来。实际上他的仕途很坎坷，但这不妨碍他对大自然和老百姓的爱。你长大后也应该更好地为人民服务。

美到极致

柳宗元笔下的水潭、水渠、种树人、捕蛇人、一座小房子和亭子都有别样之美。柳宗元有把腐朽写成神奇的能力，任何普通的景色在他的眼里都是天堂美景。柳宗元、欧阳修、苏轼都有把平常生活写成世外桃源的本事。

冰心把什么东西都看得很美好，是一位大才女，在她的心底和笔下，小荷花、星星、海浪、贝壳、沙滩、微风、细雨、燕子等，都充满无尽的生命力。

师：你要练就把万物写得富有生机的本事，心里充满爱。一片树叶难道只是一片树叶吗？是一片用翡翠打造成的，阳光透过薄薄的树叶能看到叶脉，叶脉里流动的水分是大树妈妈对它的滋养。新嫩的叶子，在阳光下闪动着波光。小鸟的鸣叫，露珠“滴答”掉在地上。

你还要跟柳宗元学习博学多才，他爱医学，还精通气象、建筑，在当地兴修水利，做过好多有益百姓的事情。还要学习他的洞察力，对人性的感悟和洞悉。他写的种树人的观点，实际上体现的是官府对百姓的宽待，与民休息，同时也是对教育的理解。成长需要等待，更需要不打扰，不能心太急，总是推一下，提一下，掐一下，看孩子们是不是能成长起来。

你要有想法、有见识、有见地，学习阅读，每天读一点，积累起来就多了。

人为什么要阅读？因为人人都向现实学习很难提高，向书本学习能跑得更快。现实内容就这么多，你能看到的也就这么多，但读书不同，古今中外，脑子里和书架上、生命中的书，读一本就掌握了一些。认识了柳宗元，读他的作品就能知道很多道理。比如学习写作的时候要精练、生动。他写小石潭和水渠，把它们都写活了，甚至比现实存在的还要灵活、生动，美好的文字能给我们带来美的享受。

还要学习柳宗元的先立行，再立言。写作也一样，先去体验、观察、体会，再去写作。去思考—享受—呼吸—思考，任由阳光自由地挥洒。我们爱上大自然，大自然一定会给你我更多的回馈和惊喜。

当你学会了怡情万物，在你的眼中一片树叶不再是一片树叶，而是一个生命。一声鸟鸣就像是乐器发出的声音，多么美的大文学家、大文豪的精神世界呀！

我每接触一位古代文学家，都像一扇门被打开，一扇天窗被照亮，一片大海给了我无尽的滋养。他们的人生和创作像一场梦境，跟我们错位了时空，但他们还以记载和作品的形式，活在我们的世界里。用学习他们的方式，建立起我和他们之间的联结，这将是每一堂这样的课无上的欢喜。

众生皆有爱吗？

师：小学四年级的作文，至少要学会如何写细节。你眼中的阳光、月亮、星空是什么样子？都要带着描写和独特的观察，而不是别人都知道的样子，你去照搬和照抄。

柳宗元热爱平和，他的人生几起几落，想要当个好官，就要有被罢黜的风险。无愧于人民，无愧于国家，无愧于时代，无愧于自己，说一些真话又有什么关系呢？当官大小又怎么样呢？做对人民好的人，做对人民好的官，做对家庭好的人，做对自己好的人，希望你能够爱自己。因为这个世界上没有比你自己更直接地爱你自己的人。

用有限的生命来学习、思考，思考是你一辈子都要具备的能力。在你未来的人生、事业、学习当中，凡事多想一想，一定会有不一样的收获。

你还要学习柳宗元的博闻强识，他如果不读那么多书，怎么能写出这么多优秀的作品？他留下了一百四十多首诗作、一百多篇散文，还有其他公文，就更多了。

当普通但不平庸的人，当为别人谋幸福的人，当为自己谋幸福的人，首先要当一个身心健康的人、幸福快乐的人、安于自我的人、心中有更多美好的人。

你掌握写作这门技术，人生将会别开生面。学会表达和思考，要更加地进取，写作的力量是无穷无尽的，写作的好处也是。写作能让你的生命开出更多、更精美、更绚烂、更耀眼的花朵。因为你能掌握更多为万物代言的能力，正如柳宗元，他能用写作让小溪说话，能为种树的人立传。如果你能写得像柳宗元、韩愈、欧阳修等人的高度，你也会成为文学银河之中的恒星。

大作家把自己的想法、看法写出来，跟读者共享，建立起新的价值观体系，建立起新的看待人间世事的规则。唐宋八大家各有特色，唯一不变的是他们热爱自然、热爱社会、同情穷苦人，这是万古不变的道理。

生：我想问柳宗元，他为什么那么喜欢大自然？

师：因为柳宗元小时候有很多时间和自然界在一起，他有便捷的条件，家里有很大的庄园。还有母亲对他的教导。佛家说万物都有智慧，万物都能给我们智慧和开悟。在我的眼里，每一样事物都是有生命的，为什么我写作起来是方便的，因为“方便之门”被打开了，那是一扇智慧的门，也就是所说的“慧眼”。我也希望通过这一系列的学习，帮你打开这扇门，去感受它、认识它、赋予它生命。

昊然，在你的眼里，一切都应该是有生命的。你当一棵树是老爷爷。你可以当石头会说话、会唱歌，在你的心里、眼底，这世界就活了。用那么多的修辞只是锦上添花，只是在物象上着一些颜色，写作的根源恰恰是你对世界的认识和世界给你的反馈。

创意和创造力，不应该随着年龄的增长而减少，孩子和大人只是一棵小树和一棵大树的区别。

第九课　今世重来——欧阳修

文学新星和扬州的缘分

欧阳修四岁时，他的父亲欧阳观在泰州任通判，父亲去世，母亲抱着他从江西老家经过扬州去泰州。他本人四十几岁就来到扬州做太守，在扬州留下非常著名的建筑（平山堂）。他正是从滁州写下千古名篇《醉翁亭记》之后来到扬州的，当时家家传诵，为之纸贵。可见当年扬州文人墨客是以一种怎样的心情来看待为官之人。很多人来迎接他，举子们问他考试应该注意哪些要点，还有文人墨客问他书上内容，问他写文章秘籍，甚至要花重金请他押题。扬州又是富贵之地，有很多应酬，还不能不去，看似寻常的人后面跟着皇亲国戚、大臣、要员的故交等头面人物，谁来了不接待都是失礼，不前往赴约就容易得罪人。

所以欧阳修在扬州待了一年就离开了，再也没有回来过。可能他嫌扬州太富庶，名目繁多的应酬实在吃不消。于是就请求去了相对比较偏僻、经济并不发达的颍州（今属安徽省），也就是今天的阜阳。这个地方欠发展，公务不多，正好方便他继续搞创作，主要是修五代史。

欧阳修的母亲是大户人家的女儿，识文断字，知礼节、懂大义，如果母亲不懂得对欧阳修培养，只盼望他长大后养家糊口，世上就少了一个大文豪，可见对女孩子的教育很重要。我还在《扬州童话》里写了一篇《欧母三论》来纪念他们母子的生平点滴，以及跟扬州的缘分。

古代读书可以当官，王安石、蔡京等人都在扬州做过官。

唐代出现了很多有名的大诗人，北宋时期也有欧阳修、苏轼等文人荟萃的盛况。

欧阳修在扬州做了很多好事，至今扬州人还很怀念他，为他建造场馆和廉政公园，记住他的功绩。

生：我外婆家所在的江都邵伯的斗野亭里有很多文人墨客写的诗文。

师：著名的大文学家、大作家朱自清幼时是在邵伯度过的，骑着铁牛，紧握牛耳玩耍。古人形容做学问、做人、做事、从政等“执牛耳”，就是比喻抓住了事情的关键，或做到了行业里的翘楚。

年少的欧阳修生活非常贫苦，和母亲寄居在叔父欧阳晔家。欧阳修的妈妈和韩愈的嫂嫂都姓郑，这两人都是幼年丧父，隐隐之间是否有联系？坊间传说欧阳修是韩愈转世，因为他们俩的人生和性格、遭遇和轨迹有太多相似之处。

欧阳修是北宋古文运动的领袖，继承和发展了韩愈倡导的古文改良理论。他们俩都太厉害了，都是大文学家。

文学家和作家的区别是什么？作家就像地上的小河，而文学家是天上的星河，是难以相比的。文学家就像苏轼、韩愈、柳宗元他们那样，能够高挂在天上。所以一个时代能出一个文学家都太难了。

唐宋时期的韩愈、柳宗元、苏轼、王安石都是文学家。文学家还有一个最难得的是引导、引领了文学革新运动，这样的人杰更加少之又少。

一个人的正史

欧阳修在短短的六十六年岁月里，还花了近二十年以个人名义修了被列入二十四史的《新五代史》。他在扬州期间就已经开始这项工作，收集整理了好几大车书籍和资料，到哪里上任都要带着。五代史就是唐朝以后的五代十国，前后五十三年，十三位皇帝。他修史是希望把历史中的人物、事件记录下来，能够教育后人。

欧阳修修史警世，和司马迁一样，也差点累得双目失明。欧阳修的父亲就是高度近视，他的视力想必也好不到哪儿去，由于需要阅读的书籍和史料太多，照明条件也不好，所以到晚年时他的眼睛几乎废了。古人想要做一件事情有多难，可想而知。今天我们的生活条件比古人好千百倍。

“文忠公”的教育情怀

扬州人有“扬性”，他们一窝蜂地狂热欢迎这位大名人，天天宾客盈门，导致欧阳修都没法正常工作。他还在扬州上书揭露前任知州蔡京奢靡，废止扰民、伤民的“万花会”，还废除了一些田亩税，减轻百姓负担，是个十足爱民的清官、贤官。

有中华民族的文化传承在，欧阳修和他的作品就会在。一个人要创作出伟大的作品，要付出很多的艰辛，还要有天分、勤奋和努力，以及环境对他的影响和历练。他们每个人是一座高山，很多人就是一群高山。

生：老师在给我讲课过程中，就犹如带着我爬完一座高山又要向另一座高山进发。

师：欧阳修非常热衷于大力培养、支持后来人。他知道一个学生能考上举人和进士有多难，他和家庭为此付出了多大的代价和长久的坚持与努力。

欧阳修、王安石和苏轼等人才华横溢、名冠古今，很不幸，处在了一个改革时代，两党斗争和倾轧时期，仕途和人生都遭受了极大的挑战和摧残。宋代官场调任特别频繁，用制度防止官员和地方势力勾结。加上由宋英宗和宋神宗发起的改革，导致保守派和革新派两方闹得水火不容，两边官员的仕途都像过山车那样起起落落。

向欧阳修学习教育后人、鼓励别人。这几位大文豪都非常喜欢教育，也愿意提携、帮助别人。这是作为儒生或儒家思想的品德和内在精神之一，只有这样，社会才能越来越好，脚下的路才能走得越来越宽广。

欧阳修非常刻苦，在世时很多内容都没有公开出版。等他去世后，朝廷征召他的作品，包括《新五代史》，被印刷出来。他在颍州的西湖盖了养老的居所，号“六一堂”。他在扬州留下了平山堂，成为千古佳话。后面还有一座谷林堂，是苏轼建造的。

欧阳修、苏轼、王安石、蔡京、韩琦等，到了扬州以后都升官加职。扬州当时很发达，能当得了大城市的官，是可以有机会直接调回朝廷的。扬州的地位在宋代差不多相当于今天的南京，在唐代的发达程度则相当于今天的上海。

欧阳修说：文章要时常修改，一改再改。《醉翁亭记》都已经出版了，还想修改。夫人问他：你都六十了，你的文章还拿出来修改，你是怕老师骂你吗？欧阳修说：我不怕老师骂，但怕后人骂。

教过他的老师们大多都不在世了，已经没人教得了欧阳修，但他害怕后来人骂他。由此可见，文章不是自己满意就行了，一定要跳出自己，用别人的视角和理解来看待自己的作品。

我们也要学习欧阳修，看待自己的作品，不光要对得起自己，还要对得起每一个看到我们作品的人。世上的事情就怕“认真”二字，越认真越容易做得好。对于欧阳修这样的人，少年的时候养成的勤勉刻苦、追求真理的品格，已经形成了习惯和操守。

要学习他哪些方面?

要跟欧阳修学习舍得夸奖别人，不能认为别人好就嫉妒，就不说他好。别人好就是要夸，要反馈给人家，给予肯定。但要夸在正点上，不能溜须拍马故作媚态，那样还不如不夸。

苏轼中了进士，以学生的身份给欧阳修写了一封信，还有几篇论文。欧阳修说了这么几句话：我死后，大宋就数这个人了，我应当给苏轼让路，让他高出我一头。

欧阳修和苏轼才华了得，是上天降落人间的文曲星。宋代崇文抑武，重待文官，从来不杀文官，所以文官敢说真话。你夸奖别人，就像你的树上的花香给别人闻了一下味道。你树上的花得到祝福，就能结出善意的果实。当时，两党斗争激烈，但哪一派也没能改变大宋的弊病。无论是官场还是其他领域，你骂别人、贬低别人，别人也会以同样的方式回击你。

要跟欧阳修学习实事求是，对事不对人。对生活中的不公平、失败、打击、弹压……有一颗平常心。不能谁批评了你，你就难过得昏天黑地，恨不得把头埋进课桌下面去。挨了一两句批评，实在算不得什么。跟他们比起来，原本是朝廷大员，被贬到地方，有的当了个七品官、八品官，甚至是不入品的小办事员，还不让说话、没有决定权，实际上也就是监视居住。他们也要生活呀，即便身陷囹圄，也能写出惊世骇俗的好作品来！

欧阳修曾经说过：官当到多大、多小都无所谓，反正都是为朝廷和百姓做事。重要的是，无论在哪儿当官、在什么位置上做事，都要当个好官，多做好事。

还要学习欧阳修的公平、公正，人没有一颗公平之心，做事不公正，就会给自己带来灾祸。要秉承公平正义之心，为社会创造和平、正义。

还有就是要刻苦学习，一定要做一个对社会有用的人。欧阳修心怀纯良，到任何地方都造福当地百姓。扬州的官员也很好，造福一方百姓。只有对人民好的人，人民才会记住他、纪念他、敬重他。

“转世”与使命

汉代的赋、隋唐的诗、宋代的词、元代的曲、明清的戏曲小说，以及现代的现代诗、小说和网络文学，本身就是一种文体的变革。从历史来看，一个朝代少则几十年，多则几百年，往往流行一种文体。另一个朝代起来了，再有一种新的文体。载体改变了，书写方式产生了变化，文体也会跟着发生改变。比如原先在石头、龟壳和贝壳上刻字，后来在竹简上刻字，再就是在丝绸上写字，直到发明了纸张，包括从雕版印刷术到活字印刷术，再就是到了近代的激光打印，到网络文学的直接书写和发表，书写和创作的载体在变化和提升，促成了文字和文学的传承与发展。原先手写的字，一篇不能写太长。现在一部网络文学作品动辄好几百万字、上千万字。要是用竹简，千万字差不多相当于一个大中型国家级图书馆的藏书量。

欧阳修是天才，不可复制。他留给我们刻苦求真、勇于开拓和革新、造福地方、孝顺长辈等精神品质。欧阳修像一座丰碑，屹立在中华文学的大道上。

他有一位伟大的母亲，洗衣服的时候还不忘教他用芦苇秆写字，是著名的“欧母”，中国四大贤母之一。母亲把衣服洗好，欧阳修在沙地上写满了字。多么艰难困苦的学习条件，他们寄居在随州，是隋炀帝的父亲隋文帝当随国公时的封地。小欧阳修在废书筐中发现了《韩愈文集》遗稿，打开来看一发不可收拾，他立志要做韩愈那样的人。

第十课　爱国诗人——陆游

感同身受

生：陆游自号“放翁”，当时的人们抨击他太狂放，如果我穿越到陆游生活的时代，想问他三个问题。第一个问题：他为什么要那样写诗？

师：他写诗，也写词。没有你说的“那样”，你要善于把他的诗词和他的生活以及社会背景联系起来理解。他写诗词，一个是为了学习考试的需要，一个是为了平时抒发的需要，直抒胸臆，就是这个意思。他心里怎么想的就怎么写了，有时候不写都难受，想借诗词把心中的想法说出来。有时候朋友在一起交流、应酬，也会写一写诗词。

生：我的第二个问题，他的家境好吗？

师：他家很穷，家境非常一般，用现在的话说，出身并不好。

生：第三个问题，他当时是怎么学习的？

师：一个是官学，一个就是自学。官学要去学校学习，和自己在家学习的比重约各占一半。除了在校学习，还得自己学习，通过阅读、体验、思考、探索等去提高知识储备量。等你上了大学，你接触过的知识就会显现出来，你知识多样、知识面广泛、言之有物、兴趣广泛、涉猎的知识门类众多……写起文章来就不发愁。我此生的宏愿，就是能有两千名像你这样的学生。因为圣人孔子弟子三千，我只教两千就够了。

生：可我觉得您在今天这个时代当老师，完全可以比孔子教的还要多。因为您会写教学书籍，能流传到很远的地方，教出来的学生绝不止三千。

师：希望能借你吉言。陆游和辛弃疾处于同一个时代，他们不但见过面，还有很不错的交往。辛弃疾当了陆游老家余姚的官员，还跑到他家专门拜访，看他住的房子特别残破，有的已严重漏雨，墙坯歪斜，就很心酸。辛弃疾跟陆游说我要给你盖房子，好吗？陆游说不好。临告别前，辛弃疾又问，我给你盖房子好不好？陆游还是说不好。后来辛弃疾又写信来，前后问了六七遍盖不盖房子，陆游仍然婉言谢绝。辛弃疾问他为什么，陆游说：北疆故土至今还在金人统治下，无数百姓住的地窝子、草棚，我这样的条件已经很宽裕了，不能与同胞共患难、同生死，我还有什么理由住好房子？

辛弃疾看到信件，双目濡湿，久久不语。

陆游的一生都在为南宋收获北土而奔走、呐喊，竭力建议朝廷早日打回长江以北，他比辛弃疾还要惦念江北百姓。可惜，直到他去世都没能实现宏愿，所以才有了那首流传千古的《示儿》。

文武全才

陆游一生的心思和心结都在收复北土，解救处于水深火热之中的同胞，对自己个人的得失丝毫不挂在心上。陆游命运多舛，仕途六起六落，甚至更多，导致家道中落。起落的原因就是他一心想要收复北方河山。陆游活到八十五岁，七十多岁还被征召去修撰国史。陆游一直坚持北伐，几十年过去，还在上书朝廷收复河山。年轻的言官当庭骂他不合时宜，太不懂得大形势，陆游不改初心，须发皆白仍愤慨陈词。我们做事和树立信念，要向他学习，不能半途而废，要持之以恒。

陆游总在上书时提到自己年龄再大，也能上前线，老了不能杀敌还可以做参谋，他这么多年都对金人有研究，对北方的民情很熟悉，还曾经到过前线。陆游曾经到四川夔州（今属重庆市）任职，在成都以北前线去考察敌情，制定了北上策略。因为那个地方地形复杂，难以设伏，可采用迂回包抄战略，先西进，再北上，然后沿长江北岸东进，占领一些城池后作为根据地，聚集粮草，再步步为营发起进攻，把金人赶回老家去。

可是，朝廷自始至终没有采纳他的意见，因此几次被罢官，或者主动要求罢免。他回去之后，尽量调整心境，和村野自然融为一体，但最大的心愿哪里能说放下就放下，于是写出“僵卧孤村不自哀，尚思为国戍轮台。夜阑卧听风吹雨，铁马冰河入梦来”这样呕心沥血之句。

陆游不但写诗词和奏章书表，还写了中国第一部长篇游记《入蜀记》，内容特别丰富。陆游的作品体裁也很多样：诗词、小说、诗歌、杂录、散文、考据、辩论。陆游文武双全，不仅能写情感非常纯粹炽热的《钗头凤》《沈园》，读书笔记《老学庵笔记》，还具有军事才能，写过兵书，并且写了如何打败金人。他这辈子做事都很执着，有毅力。

这样的人才很有魅力，在乱世容易保身存己，若有战事，则可带兵打仗，杀敌征战。

秦朝、两汉到唐宋，只要是当了县官的，都是文武双全，至少在战法和守城御敌方面是行家里手，即便到了明清也一样，绝非“百无一用是书生”。因为那时候驻军人数很少，和平时代，一方长官就专心于治理国家，造福人民，有战争的时候他们就要把百姓组织起来变成军队。比如曾国藩、李鸿章、左宗棠，都是书生出身，也都是文武双全的栋梁之材。王阳明也是，两个太监嫉妒他的才华，说他带兵只会用计谋，没有能力。他们就比赛射箭，王阳明三箭皆中靶心，太监们再也无话可说。即便不能文武双全，我们也要积极锻炼身体，好好读书。

我们跟陆游学习爱国、爱民、爱学习。

陆游花了几年时间编撰出《南唐书》，为什么要这么做？就是因为要把历史上那段时间发生的事情记录下来，给当今的南宋统治者作参考，让他们能够从中得到教育。这就是孔子、欧阳修以及很多写史的人的用意——修史警世。陆游在著述中不论历史人物的功过，只论他们的品德是否高尚。

陆游还会种地，曾经在杜甫隐居的草堂，浣花溪旁开垦菜园。他在那里也写了好多诗，这是件多么幸福的事啊！

生：人一辈子得有个偶像，我的偶像是孟浩然。每个人都应该学点农业知识，至少不会让自己和家人饿肚子，还能为社会做点贡献。

品德传世

他满身才华，如果不整天喊着“北上”，官可以当到很大。但陆游因此成了冠盖古今的爱国诗人。他像一根铁棍，即便快要化成粉末了，但还是不改铁的本质，人要有精、气、神。

人的品德成长是第一位的，事情可以做错，人千万不可以做错。心中装得下国家和人民，即使没有那么大的权力，没处在那么高的位置，没法为国家和人民做更大的贡献，也可以为家人、身边人多做一点力所能及的事。

南宋初期，一大批文人因为国家领土的不完整，影响了他们的学习、生活、判断、志向。历史上我们曾被欺辱和压迫过，但现在中国人已经站起来了，我们既要铭记历史，又要珍惜和平，多民族团结一致，为中华民族的伟大复兴添砖加瓦。

师：希望你将来能看得长远一点，才能走得长远。不要纠结于小的事情，也不要受困于同学、同伴、同事之间的小矛盾和不愉快。如果心中装的是国家、人民、全社会的福祉，境界就高了，眼界也宽阔了。

陆游身上的每一点都值得我们学习，他专情、勤奋、实事求是。通常情况下，一个人的素质高，是因为他大的方面的品质都好，而不只是某一方面好。

第十一课　灵性歌者——杜牧

天才足迹

杜牧和李商隐合称“小李杜”，他写诗很好，才华很高，是个文武全才的人。他所处的时代有内乱，所以特别关注军事。

他二十出头就已出名，二十六岁考上进士，三十一岁就来到扬州任职，可惜五十岁就去世了。他的祖父杜佑做过宰相，家教良好。他建好樊川别墅第二年就去世了。天才是父母给的，还要有勤奋，不然会浪费了天分。如果不勤奋，任何天才都会被泯灭。比如王安石写的《伤仲永》中的方仲永就是一个例子。

才华越高，学习得越刻苦才行。有更多的才华，要匹配更多更刻苦的学习，而不是自恃才高，依赖才华活着。任何火堆不继续添柴，结果只能是越烧越暗，直至熄灭。

生：杜牧在扬州时，经常和朋友宴饮游乐，有时骑马在夹江边上漫步，和诗人们聚会。

师：杜牧被贬到黄州，后来苏轼也被贬到这里。就是因为说话太直，不圆滑，得罪权贵，被贬到边远、贫穷的黄州。他到了那里以后，办学、问案，还自己教学。几百年后，辛弃疾、陆游也是如此。自己学习，也要教育别人。孔子在周游列国的时候到过黄州，因此黄州有孔子山、孔子河、孔子庙，是当地人为了纪念圣贤。

你要跟他们学习，每个人都应该积极地拥抱知识，使我们的修为更加圆满，还要帮助别人进步，而不是只成就自己。

一个孩子，如果不会说话办事，父母也会跟着受牵连。老师教不好学生，老师有责任。学生有出息了，老师也会感到欣慰。为人师者，为人责也；为人父母者，为人责也。

你的一言一行、一思一考，都应该想着是不是个好榜样，才能渐渐地获得榜样的力量。比如有公德心，不在公共场合大吵大闹，以及不损害公物等，都要切切实实地照着去做。

爱民好官

杜牧在黄州做得很好，当地的百姓都舍不得他离开，历史上有太多的好官，比如东汉时期在扬州做官的陈登，百姓也要跟着他去新上任的东郡。

人生不过百年，得知己、得领路人是有福分的。在你未来的人生道路上也会遇到很多好老师，如果遇到了不起的老师，希望你能更加自觉、自主地学习。如果遇到好的老师，希望你能把身心都投给他们，跟着老师好好学习。

杜牧在黄州，给当地的百姓和儒生带去了希望。他中过进士，知道怎么考取功名，就教学生学习功课，积极备考。

写作精要

学习杜诗的神韵。好的文章能让人像喝了美酒一样沉醉，闻到花香般心旷神怡。我写一篇诗评时形容过，花生米本身就是文章写出来的内容，而花生米的香味就是文章的神韵。有这样的创作能力的文人大约只有百分之一，能把文章写得有艺术性、有灵性、有悟性，还能够体现本性和天性的，杜牧当属百里挑一。

悟性是把物品看得真切，悟性在观察、在思考、在体验。悟性高不高，就是天分高不高。天分所在就是你的悟性如何。人家说天分，什么是天分？实际上就是悟性加表达。你感悟到了，你表达出来了，你的感悟和表达与众不同，就是悟性高。

还要学习他能用精准的语言描绘形象。比如，他写的《泊秦淮》:“烟笼寒水月笼沙，夜泊秦淮近酒家。商女不知亡国恨，隔江犹唱后庭花。”可谓千古名句。

你要把语言的表达能力提高，而不是用到了才学。读别人的作品，就要稍加留意。别人为什么能把动物的神态写得那么好？别人写感情，为什么那么感人？凡能打动你的，你就要学会吸取。

还要学习杜牧的诗作里的形象美、意境美。形象好写，意境难以表达。意境是什么？意境是现实状况与所表达感情的交融，从而达到的艺术境界。比如，一轮明月像烧饼和像明镜，不是一个意境，像水晶、天窗，意境都不同。为什么中国诗人喜欢写月亮，因为它最能体现意境。

意境写作是未来的事，作为小学生，要做的就是把这一切写得准确，要观察大自然，多运用修辞手法，比如比喻、拟人、夸张、设问等，来帮助我们更准确地传达情感。

心境意境

师：杜牧知道自己大限将至，把自己的文章烧掉十之七八。从这个方面能不能看出他是个什么样的人？有什么样的性格？追求完美，浪漫与现实兼具？他还为兵书注释，他写的兵书和策略获得了实战的胜利。看事情太通透，把自己都看开了。

我也舍得“烧”稿子，是因为自己不满意，所以能感受到杜牧的心境。

生：我想问杜牧，离开以后，是不是想念黄州的人民？

师：杜牧当然很想念黄州，甚至想在黄州住下，在那里终老。很多人会忍不住有这样的想法。韩愈、欧阳修、苏轼、王安石……都有过随地安家的念想。在他们眼里，环境加上人文，是最好的归处。

生：我妈妈是这样的，她和朋友可以结伴去旅行，可以四海为家。实际上我也有这样的念头，只不过年纪还小，不能去到更远的地方。我热爱大自然，热爱山水，热爱美好的环境。

师：要学习杜牧天分很高却更加努力，学习他爱护百姓，学习他自己完美还要让别人完美，学习他写作中体现出来的灵性，更要学习他从观察大自然中获得创作灵感：“青山隐隐水迢迢，秋尽江南草未凋。二十四桥明月夜，玉人何处教吹箫。”

生：是跟别人的文章学习表达大自然的方式好，还是直接描述大自然好？

师：两者都要学习，跟大自然学习物象的准确，锻炼我们的观察力。跟别人的作品学习能提高驾驭文字的能力和表达能力。这两者都是对学习写作很好的方式。因为大自然中的物象不是文字，没办法总结，即便再好，你也说不出它有多美，告诉不了别人。在别人已经写出来的文字里学习表达方式，就相当于现成的包子和面条（作品），而在大自然中呈现出来的只是面粉和可以做成馅的材料（素材）。

第十二课　婉约词宗——李清照

金石达人

师：李清照是宋代女词人，名冠千古。她很会写词，也喜欢喝酒，像男人一样豪爽、豁达。她的命运在二十五岁之前欢乐祥和，嫁了一个和她有同样爱好的丈夫。之后家庭的变故、国家的动荡，她经历半生漂泊，孤独终老。

社会太动荡，导致她的命运太坎坷。她的丈夫出身书香世家，进入仕途后，当过几个地方的官。她的父亲李格非因名列“元祐党”，是革新派反对的人物，牵连到她。后来又因为政治斗争，她的丈夫因此也被革职，二人就回了青州老家。

生：我穿越到李清照的时代，看见她正在和朋友一起喝酒，观察、看书。

师：战乱爆发，很难长时间做一件事。她和她丈夫唯一的坚持，就是写《金石录》，把古代的钟鼎等铭文款识、碑铭墓志等石刻字收录结集。他们搜集了很多石碑。如果你穿越回去可能看到她正在研究碑上的文字呢。

扬州有个清代大学士阮元，曾在山东学政主管文化教育，搜集了很多金石拓片，其中就有李清照和赵明诚当年的资料。我去青州古城采风时，看到了贡院里山东学政的名字阮元，还有扬州高邮的王引之。

他们为什么要做这件事，并乐此不疲？石刻代表某个朝代的文化和历史。今天的人能造出一模一样的碑刻内容，但历史的积淀和年月的承载造不出来。李清照和赵明诚都喜欢考究金石，对民族的文化传承有非常重要的意义。比如《资治通鉴》是历史记载之一，《艺术概论》是艺术发展的历史之一，书法有历史，金石、雕刻也应该有历史。金石包含书法、工艺流传、材质变化、载体的沿革，金石本身就记载了历史，是书法史的转变与集大成。

李清照用了一种特殊的方式，切入了对历史的喜爱。身处乱世，李清照实际上很勇敢，特别讨厌讲和，跟辛弃疾、范成大、陆游他们是同路人。

离乱生平

赵明诚死后，李清照颠沛流离，后来到了浙江绍兴一带，借住在一户人家，财物被偷盗，她带去的最后一点字画和金石散失殆尽，生活更加困顿。南宋时期给文化人和平常百姓生出多少悲苦，国家统一与和平太重要了。

李清照状告自己的第二任丈夫贪污腐败、勾结外敌。在宋代，无论对错，女人如果想要状告丈夫，先判两年徒刑。后来经过朋友营救，李清照只被关押了九天就释放了。李清照跟第二任丈夫离了婚，从此没有再婚。乱世加上家庭、婚姻的不幸，给了不世才女诸多磨炼。

仪征，古称真州，有一座占地百亩的“东园”，金人南下时烧毁了它。陆游在诗词里看到了真州东园，就从南边渡江来看，当时还写了诗词，特别伤感。这里也是苏轼得病的地方，还有欧阳修、王安石、米芾等，都曾在这座园子逗留。陆游来时只见到一些墙基和假山石倒在路边，园中到处是衰草。悲惨情景令他悲愤难抑、仰天落泪。

婉约词宗

李清照被称为“婉约派”词宗，是宗师的宗、宗派的宗。汉赋优秀作者蔡文姬、唐诗名人薛涛，这些女文化人的风采都留在了历史记忆里。

李清照的父亲李格非是苏轼的学生，和王安石、曾巩、孙觉、秦少游、黄庭坚等是同时代的人，由于基础水平很高，宋词被发挥到了极致，成为一代文学巅峰。

我们可以学习李清照“白描”手法，描述一个事物很准确，没有废话。简约式写法和繁复式写法各有所长，都很吸引人。

学习她的勇敢、关心时事、执着。希望你能有执着心，对一件事要长久地去做、去经历、去践行，认定某件事就往前走。坚持两年有所涉猎，坚持十年你就是专家了。

最后，李清照终于写好、誊好《金石录》全稿，上交给南宋朝廷。可当时朝廷上下惶惶不可终日，哪里还有心思忙这些闲篇逸章。这点，李清照本人也知道，但对她来说，这总算是完成了和赵明诚的共同心愿，也完成了此生最初的梦想。

缅怀与邀请

生：我要是能穿越到南宋，最想对李清照说的一句话是：把自己照顾好。我们现在太平了，每个人都能享受幸福与快乐。要是时光能穿梭，我就把几个受苦受难的诗人接到我们这个时代来。晓晴老师，您给我上的成长课堂就是他们的家。

师：我们在课堂上和他们相遇，聊天、对坐，什么话也不说，就只是看着香炉里的香烟袅袅升起，听着水声咕嘟咕嘟地沸腾，听到窗外的梅花上落雪的簌簌声。穿越，并不一定要穿越到那个时代，读他们的书，学他们的作品也是“穿越”，和他们的灵魂再次产生共鸣。

第十三课　争议宰相——王安石

是非名相

王安石在历史上曾饱受争议，赞扬他的人说他是治世高才和一代名相，反对他的人说是他造成北宋亡掉半壁江山、动摇民众根本；他主持实行的新政有些法令与民夺财，虽能让国库充盈，但伤民害农现象严重。人们抨击他还有一个原因，他家和蔡京家是姻亲，他的女婿正是蔡京的弟弟。

市易法、青苗法、募役法、方田均税法、保甲法是好政事，但执行起来却出了问题。北宋时期的政策施行有个怪现象，新规在朝廷很好，到了地方就会变样。要学习王安石的第一点，他是个富有争议的人，说他坏就被钉在耻辱柱上；说他好，诗文和变法是个急先锋。

有争议不可怕，我们在学习的时候，要保持客观的态度，实事求是地看待他身上的优点和缺点。

他跟亚里士多德、阿基米德等哲学家、数学家一样，性情和才华更适合做学问。他对教育很有研究，他曾带领学生吕惠卿、儿子王雱重写教材，比如《诗经》《尔雅》《论语》等经典的注解。他要教育出一代又一代勇于改革、拥护改革的接班人；他明白国之根本从孩子的教育抓起，就从教材上去着手，可见改革，甚至改（民族之）命的雄心有多大。

从王安石身上能看到一些社会的本质和隐含的现象。任何时候否定或者肯定一样事物，都不能轻易下结论。我们还可以学习他宠辱不惊的处世态度，仕途几起几落，一会儿当宰相，一会儿当知府，他都干得有声有色，不在乎官大官小。他在地方上当官政绩卓著，把别的县官甩得很远，执行力非常强。

名相缺点

人这辈子，除了有学习的能力，还要有执行的能力，想到就要去做。学习他不贪恋官职，无论职位高低都是为老百姓服务，带着平常心。宋代很奇怪，官员们耻于炫耀当大官，不好意思显摆，养成了一种特有的士大夫的风气。

王安石生活在星光灿烂的时代，和苏轼、曾巩、欧阳修同朝。他在扬州任过签判，是韩琦的幕僚。欧阳修很赏识他的才华，曾推荐他做谏官，但这不能阻止日后分别属于新旧阵营而对立。对于仕途起落，他说他当不当官无所谓，有那么多学问等着他去做呢，何患官职大小。

《咏梅》："墙角数枝梅，凌寒独自开。遥知不是雪，为有暗香来。"其中的梅花是他自己的人生写照。没有人关注，梅花仍然凌寒独自盛开。面对朝中的压力，他仍然可以像梅花一样含香绽放。

一个人想要做大事，既要有义无反顾的决心和魄力，又要客观包容，懂得变通。水至清则无鱼，人至察则无徒。受欢迎的人的性格应该是什么样子？有时候要果断，有时能包容别人，听得进不同意见；要能沉得下来想一想，可以转变思路把坏的变成好的。

通过王安石的事迹，我们要学会换位思考，一个人说你不对和三个人说你不对，哪种情况更危险？如果遇到不同的意见，不要急于反击，有人说你不好，也不要急于解释，要想一想，别人说的是对的还是错的。人在冲动的时候，容易出现错误。话说出去就再也回不了头，伤人一千，自损八百。

历史背景

宋神宗时期，围绕王安石变法新政执行上的问题引发了新旧党争。最初，党争仅因为政见不合而起，后来发展成排除异己、打击政敌的夺权之争。苏轼说旧党的做法还不如新党呢，你们这样互相打压不能容人，简直就是一丘之貉。因为这句话，让苏轼遭受两派打压，他说了一句感人肺腑的名言：这世界上没有一个不好的人。

而王安石可能会认为：这个世界上没有几个好人。他被门生吕惠卿出卖，吕氏居然认为只要把老师王安石推翻，自己就能当宰相。实际上，他是这么做的，也做到了。吕惠卿把王安石跟他之间的书信往来全部公之于众，其中有太多不能被第三人知道的秘密，以及对人、事、君、臣的议论与褒贬，令满朝哗然，这对王安石是多么大的打击。

吕惠卿对老师这么不敬不重不爱，因为出卖了恩师，被钉死在耻辱柱上，大家应以吕惠卿为诫。

性格逻辑

师：王安石听闻了自己的新政被全面废除后，非常郁闷，一病不起，不久就去世了。王安石变法的失败有多方面的原因，其中一点就是用人不当。由于当时的客观原因，人才青黄不接，给了许多投机者空子。

生：我现在的理想变了，我要为更多人服务。

师：你能这样想，这很好！但想实现理想，就要承担更大的风雨，接受更多困难的考验。

王安石这个人是比较典型的，首先要看到他的才华，但也要看到他的不足。吕惠卿的出卖，令王安石声誉受损，有这样的人在身边，或者导致发生这样的事，王安石自己也有责任。对一个人品德的不觉不察不防范，是多么危险的事。一个时代的失败，不是哪个人能左右的。担责者肯定不止王安石，不止吕惠卿，不止蔡京，包括另外一方（旧派）不能容人的，难道就没有责任吗？一件事做错，或大难当前，千万不要着急洗脱自己的责任或过错，你说他们无辜吗？

绝世大才

王安石身上有很多优点，出身富贵，却能洁身自好、朴素、清廉。他当宰相是为了朝廷和天下百姓，在地方做县令也是为了朝廷和天下百姓。位置不同，但忠于皇帝和万民的志向不会改变。他认为他的改革主张，你可以听，也可以不听，他所做的一切是为了朝廷和百姓。

从王安石的生平来看，都是一心为公的，但改革或成就事业不能仅靠满腔热血，那是会出问题的。

为国家做事，要谨慎再谨慎，国家是要为你的错误决策埋单的，百姓是要为你的决断承受后果的。

当朝对他的打击、谴责和负面的影响实在太多。王安石晚年爱上了佛学，想从中寻找心境与情绪的出路，写了好多关于佛学研究的书。他居住的钟山离栖霞山很近，离南北朝时期梁武帝出家的寺庙也很近。像王安石这样的人，佛法能使他获得内心的安宁吗？凡是内心世界很强大的人，一言一行皆可为典范，“呼吸动山海”的人，能救自己的只有自己，如果连自己也救不了自己，那就会像尼采等人一样，变成“疯子”，彻底癫狂。

儒家教会我们入世、做事，佛和道能养性养身。王安石晚年研究佛学，著作颇丰，对佛学的领悟已达到颇为高深的境界。

要包容他身上的缺点，要拿他所做的错事当镜子、当教训。做研究、做学问，他一定是个好榜样。他著述颇丰，是个学术狂人、著述狂人、研究狂人，还是个政治狂人、改革狂人，有着极致型的人格。他是“士”的代表，他还是大文学家、大学问家。越走近这些伟大的古人，越觉得我们今天所学的，连皮毛上掉下来的皮屑都算不上。但凡每个人能做到像王阳明那样，心无旁骛地追求自己的理想，去努力，在做中学、在学中做，再去做去学，就已经迈出了成功的一步。

第十四课　此非我愿——李煜

悲情后主

从李煜的生平来看，他根本就不想当皇帝。他有双瞳，被认为是圣人的象征。大臣们希望用他的瑞相来拯救国家，当时南唐的境遇已经很糟糕了，但他每天依旧作乐，不关心政治。他写的词非常受欢迎，画画也很好，唯独管理国家的才能不行。有很多官员给他出主意，他都不采信，还中了北宋的反间计，将名将林仁肇杀害，直到自己被俘虏才惭愧不已。

从他身上能学到什么优点，又要规避哪些缺点？他本身就不具备治理国家的才能，也无意争位，只想过平常日子，但命运给了他帝王运气。一个人的才能是有限的，适合做这件事并不一定适合做那件事。因材施教，才能体现其价值。

李煜的词写得很好，被称为“花间派”“婉约派”词人。他重文轻武，自毁长城，且为人胆小，错误估计自己国家的实力。

他也做过努力，联合各处抵抗北宋。他比较传统，是个好人。可惜他的对手太强大，当时的赵匡胤已经平定了全国大部分地区，接下来就是要南下征服南唐。他希望各自安好，赵匡胤说了句“卧榻之侧，岂容他人鼾睡”。对手也没把他置于死地，但是也已经让他灭国，封他为“违命侯”。

李煜生不逢时，造成人生的悲剧、家国的悲剧。他的失败也有性格原因，怀疑心重，不敢得罪北宋，但暗中做了准备，收买兵马，希望能跟北宋抗衡，但北宋没给他机会和时间。

爱民如子

在当时的大环境之下，作为一国之君都能失败，个人比如工作丢了，受到惩罚，财产没有了，不要觉得一切都过不去了，实际上是一样的道理。从李煜的生平来看，个人有个人的失败，国家有国家的难处，国君有国君的不容易。

人的命运，所谓“三穷三富到不得老”，正如王安石的命运，一会儿高一会儿低，两次做宰相，两次被罢官，为国尽职尽忠，但最终变法还是失败了。

学习要会看资料，要养成认真的习惯，做事情讲究章法，看资料就是章法之一。借助资料进一步了解这个可怜的、不走运的、倒霉的却拥有大才华之人。可惜他太不走运了，年仅四十二岁就去世了。在南唐被灭后，相传一杯毒酒断送了他的性命。

北宋从赵匡胤灭掉南唐，用了一百五十二年就又和南唐的命运相似，君臣父子、众多百姓也被奴役。这位李后主的执政也有可取之处，他爱民如子，禁止土地吞并，在乱世之下，百姓生病没钱，非常有可能跟大户借贷，卖田卖地，乱世价格压得很低，土地兼并严重。

李煜失败了，我们只能尊重史实，而不是事后诸葛亮，随意评说。李煜还有什么优点？才华很高！昨天读了他几十首作品，字字凄切，句句泣血。用血泪写的词，用生命写的故园的记忆和相思，可能再也回不去了。“春花秋月何时了，往事知多少，小楼昨夜又东风，故国不堪回首月明中……”

情景交融

师：李煜写作的时候，注重情景交融。李煜写诗词，情和景可以随意切换。写到任何景色都要想到情，写到任何物品也要想到情。

《虞美人》中的“春花秋月何时了”写景，“往事知多少”写情，“小楼昨夜又东风”写景，“故国不堪回首月明中”写情。以此类推，再往下一句句推论，哪句写景，哪句写情，特别对仗工整，这是仙人写的。这首《虞美人》应该作为我们写作文情景交融的典范之作。

学生在上课的时候，虽然要跟着老师的引导听课，但要学会提出疑问，才能学有所长。人们以为情景交融的诗词好写，但除了李煜，谁还能写出如此这般的“虞美人”？

用“情”和“景”去解读作品，就会更加有深度。词和词的好，作品和作品的好，好中也有三六九等。为什么我认为你写的《寻找秋天》很好，是因为它里面有灵魂、有天分、有韵味，千里挑一是算得上的。再好的辞藻，没有灵魂，那就是一堆杂乱的文字。

读到最后，情景交融到我们都不知道作者是在写景还是在写情。任何作品，景和情都存在其中，比如李白的《静夜思》。

知道了写作中“情”和“景”的运用标准，掌握了“情”和“景”

的解读密码。感谢李后主，感谢他写的《虞美人》，就因为这首词，让老师敏锐地觉察到情和景是如何像渔网一般交织在一起的。

任何人写的文字中，景在哪里，情在哪里？也可能作者当时是无意的。但读者要知道，如何剖析作者的创作初衷和他写作背后蕴含的密码。情景交融和情景交织，以及如何辨别情与景？昊然，你应该一辈子记住。

如何写情景交融？比如柳树发芽，你写的时候，写“春风吹拂着柳丝，点点新绿爬上了枝条”，这句写景。下一句写情，如果不知道怎么写，你就想你看到这样的景色，会激起什么心情，不就会写了嘛。也可以写你开心，写柳树开心。“这一棵棵柳树，忙不迭地想要把自己的热情奉献给这早来的春天，将蕴藏着的珍珠、翡翠，一颗一颗地挑在枝头。”柳树要把自己积攒的“财宝”奉献给这早春。

写作时，情和景写在里面是无意识的，是自然流露出来的。如果掌握了情和景写作的密码，会更加懂得如何驾驭情景类写作。

千古词帝

师：感谢李后主，他的作品开悟了我们，我们对他的生平表示深刻的同情。因为若在那个时代，你我所进行的选择和牺牲，不一定比得上李后主。他的失败不是简单几句话就能说清的，总之，他的对手太强大，时代太糟糕，他站在了历史更迭的缝隙上，掉下去就难免了。

他在写《虞美人》的时候，没有愤恨，只是遗憾，只是怅惘，没有怨恨任何人、任何事，自己默默地承受了一切。一切都过去了，付出的、得到的，在一切都没有以后，结果是一样的。

要了解一个历史人物，要把自己的高度升到和县官持平，和宰相持平，和皇帝持平，不能用面对县官的认识去揣度一个皇帝的内心。也不能用宰相应该有的胸怀和气量来要求一个县官。

看人看事一定要因人而异，因事而异。一人一事，一事一人，千万不要拿更高的人来压制你面前这个人，因为你应该想想你自己能不能做到。人要宽容，要包容，要客观。你必须客观，想问题更全面才行。

李后主用他的才华、他的国运、他的命运写成了一首又一首的词。相信他在被禁锢的日子里写得更多，只是没有流传下来。李后主爱民、爱江山、爱生活，爱艺术，从他身上可以学到更多。

比如他的“花月正春风”写春天花好月圆的美好，实际上是写他人生的悲哀和悲凉，以喜写悲，是个很专业的手法。

生：听了晓晴老师讲了这么多关于李煜的往事，令我着迷又难过。我如果穿越到李后主那，会问他为什么喜欢书画。他可能会回答我说是天生的，他喜欢大自然和万物，他觉得人世间最真、最淳朴的美，就在一草一木之间。

我还想问他，为什么对子民好？李煜说，对子民好，是帝王的责任。你既然把自己当成人家的家长，家长能不对自己的家庭成员好吗？百姓能载舟也能覆舟，百姓是帝王的根本。我爱百姓，当外敌打来的时候，才能同仇敌忾，才能团结起来。

通过这堂课，我认识到李后主并非那么不适合当帝王，他还是有很多优点的。他没法周全，只能玉碎。

第十五课　悲情战神——岳飞

生：今天是我自己选的主题，请晓晴老师讲岳飞，关于他的资料很多。他是河南人，文武双全，名衔很多，父子都是报国英雄。我最想问他为什么要背黑锅？

师：岳飞是个悲剧英雄，看完他的材料。我想说，他应该配做神仙。他是民族的脊梁，是中华民族的表率。岳飞喜欢读史书、兵书，用兵有神。

什么叫“君君臣臣、父父子子”？就是说当皇帝要有当皇帝的样子，当大臣要担负起当大臣的责任，当父亲要有父亲的威严，当儿子要有儿子的孝顺。敌国使用离间计陷害岳飞，然后朝廷杀掉岳飞，这就是自毁长城。明代崇祯皇帝杀了袁崇焕，最终导致清军入关。杀功臣，换和平，有多少帝王这样做过？连李后主也曾杀了大将，赐死忠臣。

后来人判断正确很正常，因为知道了事情的结果。岳飞从最小的士兵做起，后来成为一代抗金名将。像他这样遭遇的战神，在历史上还有不少。

岳飞到过江都，在嘶马镇。那个地方为什么叫嘶马，就是岳飞在这里的江边组织军民渡江，最后挡住了金兵继续追击。刚开始南宋朝廷准备留在扬州背水一战，可是金人没给他们机会。军队已经打到了安徽天长，离这里也就一百里地。朝廷百官、妃嫔随从连夜渡江。刚开始逃亡到扬州时他们还摆谱，弄得像出巡度假，为了稳住民心，若大家都赶着逃难，渡江困难，补给会出问题，北方更加没人值守。

岳飞很神，用兵跟曹操相类似，善用“正”“奇”理论，即战场正面进攻和战术迷惑敌人，比如伪装、假装逃跑、偷袭、诈降等，出神入化，往往把敌人打得落花流水。这里的“奇”是什么，就是逆向思维，站在对立面去想事情，制定计策。

南宋朝廷政治被一帮不懂军事的文官把持，将懂军事能打仗的给杀掉了。他也创作过诗词，他的《满江红》，写得气贯长虹，抨击和控诉自毁长城的那些人。

岳飞在长江沿线好多城市抵御过金兵，如江阴、南京、扬州、镇江、高邮等地，都留下过岳家军的足迹。岳飞蒙受千古奇冤，而陷害他的奸臣秦桧居然是病死的。

岳飞治军，军纪严明，待人宽仁。没有粮食，士兵们奔波一整天，还饿着肚子，驻扎在一个村庄，没有一个士兵敢跟农民要一点饭吃。他在宜兴作战，对百姓也是秋毫无犯，竟然还有向岳家军投降的敌军，俘虏了许多溃军。士兵只要投降，岳飞坚决不允许杀戮和虐待，这才是名将该有的见识和胸怀。多读书总归好，多读书能够开眼界、阔心胸、增加内涵。

这个世界有多少冤屈，冤得过岳飞吗？困难，难得过岳飞吗？他曾经上书皇帝几千字，一定要抗金，最后得到的是“小官越职，非所宜言”，上司直接把他革职、赶出军队。他仍然想抗金，一直到了抗金前线去投靠当地驻军，说他要抗击金兵。

老师说，那个时候无论朝臣还是百姓，都像偷安的蚂蚁，生怕惊了金人的那只大脚而踩过来，把他们踩死。当真正需要岳飞这样的大鹏鸟保护的时候，他们居然还合起伙来把大鹏鸟射杀了。

难道岳飞的死是秦桧一个人导致的吗？那么效忠朝廷，让他回来就回来。雄心壮志就是要保护朝廷和百姓，却遭到了杀身之祸。五千年来难有的罪恶，在那一刻上演了。保卫国家要以岳飞为榜样，虽九死而不悔。他领导了大小战役几百场，从未动摇和改节，也从不理投降派的这帮人，该说还是要说，常常孤军深入没有援助。岳飞率军奔袭西北，朝廷早就悄悄号令西北守将撤兵。岳家军打到那里，几万兵马没粮食，困境可想而知。杀害岳飞的人遗臭万年，为人所不齿。精忠报国的岳飞反而被人民记住，他的英雄气节将万世长存。

每个大人和孩子都要爱国、爱人民、爱家园。我们要学习岳飞勇敢、坚定的品格。

岳飞带兵比较严谨，治军严明，是难得的帅才良将。

岳飞有缺点吗？有，只有这些缺点和优点结合在一起，才能成就一个有血有肉的岳飞。

生：我仿佛看到岳飞在我家乡的嘶马镇正在组织军民渡江。岳飞要求百姓先渡江，有军士想要抢渡，被岳飞抽剑喝止。

我想告诉他一千多年来，后人是怎么评价和凭吊他、尊重他、爱戴他的。他给后人树立了榜样，他的精神激励着一代又一代将士去保护自己的国家。作为普通人，不能做到去戍边、杀敌，至少对他们要有感激之情。

我们的民族就是这样，兄弟阋于墙，但真正强敌来犯时，总是会有那么一群人来做我们的屏障和守护者。

上了十五课，学习了这么多位古人的人生，他们像是我们的朋友，也是我们的家人。曾经爱过、护过我们民族的人们，曾经抛头颅、洒热血，哭过、痛过的同胞们，愿你们成为天上的星星，永远昭示后人，激励着我们。

第十六课　失败霸王——项羽

项羽在行军途中会不会下雨？会不会下雪？刮风、结冰、特别冷，都会有吗？他在南征北战中战胜了很多困难，遭受了那么多苦难，才能成为西楚霸王。

项羽的一生很坎坷，也很短暂。三十一岁在乌江边自刎，结束生命。他怪天灭他，几次战役都打败了，但他的失败是他自己造成的，与上天无关。所以，做任何事，失败时要从自身找原因，胜利时要把功劳分给别人。

项羽小时候不肯读书，不肯学习剑法，不能文，不能武，但他想做大事。如果他能多读点书，估计结果不会像后来那样。我们从他身上要看到问题，想要做大事，不能不学习。不学习还心高气傲，简直就是狂妄、自傲、自大，也自欺。

他看到了秦始皇，说自己能取代他。项羽为什么如此狂妄？因为项羽身材高大，力气也很大，才气过人，有勇有谋，在吴中子弟中很有威望。

秦朝的王宫被项羽烧毁，大火烧了三个月有余。他不想留下来当皇帝，他只想发达了，到家乡去炫耀一番。“锦衣夜行”这个成语就来自项羽。他才力过人，但是十分傲气。这很像历史上的商纣王，他们有共通之处。他封自己是“西楚霸王”，统领诸侯，成就王霸之业。他当年带八千子弟兵出去征战时，肯定许下了宏愿，如今战败后回到家乡，怎么能兑现诺言？

他杀了二十万秦军，把投降他的俘虏也杀了。当初，他为了师出有名，以大家的名号来反对秦朝，便辅佐一个“义帝”起来，此人名叫熊心，一个楚王的后代。人家当时还在耕种，就硬要拉人家当皇帝，供了起来。功成名就后他想回楚国发展，假意要把这个义帝迁徙到湖南去安置，然后派属下在半路杀掉。后人评价他言而无信，有功不赏。他连百姓也杀，叫坚壁清野。他征兵征召走了一批人，剩下老弱病残，讨厌他们耗费粮食，就想把这群人发配到边陲自生自灭，可是又嫌远又嫌慢，就直接杀掉。

刘邦已经先攻下咸阳，后到的项羽装模作样带兵进驻咸阳，与刘邦达成和解后屠咸阳城。

在项羽身上可以看到很多问题，无论如何不可以向平民举起屠刀。

在任何时候，不能以杀人为目标。一心一意保护老百姓的军人和军队，上天才会帮他们。秦军俘虏准备听项羽调遣，他还是把人家杀了。率性地一把大火烧了宫室，把整个咸阳荡平、烧光了。

项羽生性多疑，不能相信别人，也看不起任何人。他觉得别人力气没他大，能力没他强。百姓对你没有杀伤力，虽说不会拥护你，但也不会害你，还会有好处，你强大了他们就听你的，给你缴税。

有时候不能凭印象去评价一个人，要了解历史和真实的情况，才能对一个人做出客观公正的评价。

项羽和刘邦是结拜兄弟，刘邦的妻子和两个孩子被羁押了好多年没被杀害，不仅因为他们“执兄弟之礼”，更是为了牵制刘邦。

项羽身边的谋士叫范增，最后项羽要杀他，是因为他中了刘邦的反间计。范增得到消息就赶紧逃跑，在半路上病死了。

我们要有公正、客观的历史观，不能人云亦云，要有自己是非评判的标准。网络有很多好处，但其负面作用之一，就是可能会培养出“无脑”一族。很多东西流行得很快，几乎在同一时间发酵，这反而对三观尚未形成的青少年有很大的杀伤力，以为都是别人替自己思考好了，不用再去动脑子。我要教你去建立判断是非的标准，尊重客观事实，而不是靠听别人怎么说和自己想当然。

如果不是刘邦胜利了，而是项羽赢了，百姓会怎样？他会不会再杀戮平民？我想他会这样做，因为人的本性就是这样的。万一他当皇帝，要多死多少人？首先刘邦和拥护刘邦的人不能避免，还有反抗他的也难以避免。

他的失败有这么多的原因，他本身也有问题、缺陷，有没有优点？他力气很大，特别有雄心壮志，敢想敢干，疾恶如仇。

项羽不仅自刎而死，还把带出来的本钱也拼光了，把人家的几十万军民也杀没了，苦也受了，战争中的好多问题都遇到了。项羽反对暴秦，把秦国推翻，为百姓做了大好事。并不能单纯以善恶来评判项羽，他也会做好事，也有功劳。但他带兵又承袭了秦国的残暴，这是不应该的。

项羽的头颅、身体被分成五部分，被五位将领带到刘邦那里，他们都被封了侯。刘邦对他下了死手，只要得到他的哪怕是手指头，也可以获得赏赐。

你将来长大了，要告诉更多人珍爱和平、维护和平，和平是需要代价的，但值得我们追寻。

第十七课　真善美爱——冰心

爱之女神

接下来，讲一位特别的作者——冰心，她的作品中有几篇文章入选小学课本。冰心的家在福州的三坊七巷，是个大户人家。父亲是海军军官，又迁到烟台生活了八年。在去游学之前，冰心已经当了教员，1951年才回到中国。她得过很多奖项，丈夫吴文藻是江苏江阴人。

冰心奶奶性格温和，生命中也有坎坷，但她都坦然面对，用爱对待世界。临去世前用的都是过去的老家具，没有添过一样新东西，稿费捐掉，非常清贫，没什么钱留下来。实际上是否看重钱财在于内心的感受，但也要肯定物质的重要性。物质和心灵的双重感受，对一个人的影响或许才是完整的。冰心不屑于追求物质享受，她曾经的生活和成长环境，物质并不匮乏。

内心丰富的人，不太会追求物质丰富。在冰心奶奶身上，可圈可点的品质实在太多。前面讲了好几位充满悲情的人物，讲到冰心，我们就可以心情舒缓一下了。

冰心奶奶的才华来自家庭对她的培养和保护，也来自本身的天赋。如果没有经济基础，也不太能培养出冰心这样的品质和素质。她在世的时候就致力于培养儿童文学作家，冰心奖为我国发现和培养了许多新作者。她的心灵多美，去世之后，作品和影响仍能带给别人美的感受。

“一片冰心在玉壶”，出自唐代王昌龄写的《芙蓉楼送辛渐》，冰心的名字是否来自这首诗？她非常有名，一度担任中国文联副主席和中国作家协会名誉主席。她的雕塑摆放在中国现代文学馆很显眼的位置。她有句名言“有了爱，就有了一切”，这和她喜欢的印度作家泰戈尔的写作本意是一样的，也是因为爱。

心灵成长

生：我想问问冰心是怎么读书的，回来要分享给朋友们。

师：冰心读书肯定不是只读故事和修辞，她读泰戈尔的作品，肯定能读到其中的精髓，紧扣作者的出发点。任何人学习都要透过现象看本质，还要看大的背景。如果只看现象和表面，学得不深刻。

“成竹在胸”，心灵里有了，文章才能写得好。心灵里有爱，笔下才有爱。任何时候都要关注心灵的成长，对大脑的培养和开发。对于冰心来说，心灵的丰富才会更加快乐。

生：但为什么我们的心灵里也有美，却写不出她那样美的文字呢？

即便我们读的书和冰心当年读的一样，也不能写出她的作品中那样美的文字来。这就是人和人之间的差别，我们可能读的书差不多，但是写出来的对爱的理解，对善良和慈悲的理解，并不能上升到佳作的水平。

要怎么做？如果你的心灵足够敏感，已经习惯于“多想一点”，要积极学习表现手法，读名人名著，读感兴趣的，拼命读、用心读。有的同学对文字不敏感，写不出好的作品，但可以做好别的，找到自己的位置和长处。数学家、科学家、公务员、教师、服务员……都会做得很好。

如果不懂得处世之道，即使成才也会出现这样那样的问题。我开设的成长课对你心智的启迪，希望能拓宽你的眼界，开阔你的心胸，增加你的内涵，培养你内心的善良和爱。

第十八课　悠然自得——陶渊明

从陶渊明的诗中能看出，他不光是大诗人，还是哲学家，是老庄哲学出世的代表，是可以运用于人世间的、可以操作的、可以学的、实实在在的哲学。比如南山、种菊花、东篱下、做农活，好像跟周围一切融为一体。他把天人合一等理论融入了生活中、作品里。

陶渊明是江西第一个大文学家，田园诗作家，田园诗派的创始人，他写了大量的饮酒诗。他热爱田园生活，不愿做官，只做了很短的时间就辞官回家了。他喜欢在南山下过自己想要的小日子。

看他的生平又是一座人文富矿，他写诗的成就相当了得。那时候没有电灯、电话，基本上就只是土灶，种十几亩或者几十亩地，他们家祖辈和父辈都当官，家中有点小产业，但随着父亲的去世，家道逐渐没落。

自己种地，没有灯光，会不会就着月光吟诵几首？不像现在，手机、电视、旅游、聚会，把人们的精力都分散掉了。要学习陶渊明的专注，心里只想一件事。只想着一件事情，才能有所突破和创新。

陶渊明还写了组诗《读山海经十三首》，他也喜欢看这种富有神话色彩的古代经典。昊然，你爱发明、有想法，都很好。现在主要任务就是好好学习，将来才能实现自己的理想。

你今天努力了，未来才会少后悔。父母并不是非要孩子们有多么显赫的未来，只是不能在该奋斗的日子里放松自己。我带领你学习每个历史人物就像打开一扇门，这扇门里坐着陶渊明，那扇门里坐着朱自清。

陶渊明连官都不想当，就想过田园生活，是庄稼的代言人，跟庄稼和万物是亲人、朋友。学习他把万物当朋友，把自己当成万物之一。好的作者，月亮弯弯的时候会将其描述为月亮在微笑，月亮圆圆的时候是准备去参加聚会，它有一件很宽的裙子，圆了的时候穿才合身。有孩子说月亮开心的时候就会把自己撑得圆圆的。它是天空的一只眼睛，在看地球上有没有小朋友跟它招手。它还是天空里一个漏洞，从洞里漏下宇宙的光亮。

陶渊明向我们展示了无穷无尽的想象力，把一样一样的物品写得特别仔细，有比照现实描绘的能力。他把现实描绘得如诗如画。陶渊明是大诗人、大文学家、大哲学家、大美学家、大散文家。这样多重的身份在他身上体现得很完美。

今天来说，十几亩地收的粮食，我们过得了这样的生活？现在的文明相对于陶渊明的小日子，是好还是不好？现代文明并不是人人都喜欢，比如说工业文明、城市化进程、经济的发展、技术的飞跃，包括通信技术的革新等都产生了深刻的影响。这是对陶渊明式的生活的摧毁，或者是新的文明的到来，我们必须跟上步伐？

人类不能紧跟时代潮流，也会产生问题。新的文明的发展既要求我们向前进，也可以保持原始状态，如果衣食无忧，可以当陶渊明。就像一些老人家，子女让他们住进新房子，他们却不愿去。自己撒点种子，种点菜，自给自足也很好，会医术也不想当医生，就喜欢逍遥散漫。这样的生活，像陶渊明的生活。这些陶渊明式的老人，生活在农村，他们各自惬意地生活着，只不过不会写诗，就像不会把自己的生活状态表达出来的陶渊明。

他很有才华，很有见识和想法，读了很多书，对生活所求甚少，值得我们学习。大多数人的生活能够过好，不要求得太多，对物质的占有有度。

陶渊明的作品留给了后人无穷无尽的财富，他不仅是诗人，是真的把生活过成哲学的人。在他那个时代——东晋，官场黑暗，想必有让他感到厌恶的地方，比如相互吹嘘、吹捧，说虚假的话，枯坐闲谈，只是闲谈，不去行动。一帮人说得多，做得少，还不如回家种地，看着麦苗长高。

老师教课，你要理解一条，不能轻易去指责历史人物，除非他有重大过错。如果历史人物做出选择，他一定有自身的原因，还有社会和环境的不得已。我们面对任何一个人，老师、专家、企业家等，做出什么决定，我们都应该想一想他为什么要这么做，要分析以后，才能有发言权，而不是人云亦云。不能轻易下结论，所谓贵人语迟。你越想得周全，说出来的话越要慎重，才能更加客观。不能做一个叽叽喳喳的人，不经过思考就妄下结论，往往后果很不好。我希望看到我的学生在说话之前多加思考。

当今世界，你要学会说话之道，你第一句话就要吸引别人，让别人听下去，第一秒就决定是否能让别人愿意听。要做第一种人，会说话，会不说话。和对的人说话，和不对的人不说话。

在陶渊明身上我们还能学到什么？他很勤劳。十几亩地总归要种，他们家也遭受了大难，屋子被烧毁。要有一颗平常心，土地上没长出粮食，妻子和孩子都跟着挨饿。他们迁居到别处住，好朋友给他谋职，能得一些俸禄盖房子，他也拒绝了。

陶渊明是个纯粹的人。无论未来我们学得怎么样，成长得如何，都要在心灵里给自己留一片海，现实中的土地和山水就是自己的依靠。心灵花园承载我们的失败和悲伤。人很多时候都很孤独，但能跟万物交朋友就不孤单了。和孤独相处，其实万物之友就鲜活起来了。我们这辈子都要学会和孤单相处。

陶渊明的父亲就是一个特别不喜欢和人相处的人，不喜欢热闹场面，或者这点影响到了他的性格。他八岁时，他的父亲就去世了。汪曾祺的父亲却非常有趣，给他糊灯笼，跟他背药名，教他写对联、画画、练书法，以及其他很多有趣的玩意儿，如放风筝……生活中有趣的父亲，造就了有趣的孩子。

生：我的父母也很有趣，带我去旅游，教我做蛋糕、包包子、包饺子、打球、运动、孵小鸡，还让我有自己的时间，可以快乐地想象，做自己喜欢的东西。我有像流水一样灵动、跳跃、丰富、智慧、聪明的妈妈，我还有一位像山一样沉默的爸爸，爸爸没有对我行使大人的权力，也没给我压力，要我这样或者那样。我猜我未来的孩子也会是幸福的、快乐的。其实我知道，他们对我的要求并不高，先成人，后成才，可当今的社会就得奋力奔跑。

陶渊明的种菊南山下，成为我们心灵花园的一部分。老师，您的心灵花园是一片盛开着鲜花的山坡，还是一片星空宇宙。老师写的作品里，大多会有星空，老师把她自己的心灵投进宇宙。星空告诉我们人类有多渺小，很多俗世烦恼不值得纠结。我们的志向在高山大海，心灵在星空中遨游，我的小小的跳动的心脏，像一颗飞速旋转的星星。

师：陶渊明的成长轨迹使他活成了自己，他是一块特别的石头，他不是美玉，但把石头雕刻好了也很困难。不受物质的困扰，不受官位的诱惑，不受前途的羁绊。

这世界就是这样，有的星星是蓝色的，有的星星是红色、黄色、粉色、白色的。人也一样，不同的环境造就不同的人。喜欢宁静的人心存陶渊明，但志要在八方四海。你不仅是中国的孩子，还是世界的孩子。

我希望你不仅是人群中听故事的那个人，还是能走到讲台上去，走到人生的舞台上去给别人讲故事的人，而不是总在听众席的人。

我一心培养能讲故事的孩子，能引领未来、发现价值的新时代的孩子。

任何一个人的成长，都离不开家庭和学校对他的综合培养。时代造就人、培养人，任何一个文武全才的出现，既是时代的功劳，也是时代的责任。

第十九课　人民的朋友——托尔斯泰

托尔斯泰是世界十大文学家之一。他的作品入选了小学语文教科书，如《跳水》《穷人》等。他的代表作有《复活》《安娜·卡列尼娜》《战争与和平》等。

托尔斯泰是个富裕的孤儿，一岁半的时候妈妈去世，十岁半的时候爸爸也去世了。小时候在亲戚家居住，仆人负责带他。在这段时间里，穷苦人对他的善良、友好、宽容对他的性格产生了深远的影响。

他生活在俄国革命时代，参加了战争，两场仗都打得相当漂亮，一场是游击战，一场是围城战。托尔斯泰是贵族出身，继承了很大的庄园，一天都走不到边。俄罗斯地广人稀，过去人的寿命又短，所以托尔斯泰在那样的大家庭里成长太难了，值得惊喜的是，他是个天才。

托尔斯泰也曾对生活感到迷茫，不知道自己到底想干什么。托尔斯泰也曾因玩牌而欠债，沾染了一些恶习，后来醒悟过来就不再沉湎其中。他自己救了自己，战胜了悲观情绪，想要做成一番事业。

可贵的是，托尔斯泰非常关心教育，战争时期碰到了大批不识字的年轻人去当兵，不会使用枪械，不会执行命令，不会描述战争情况，造成很多困扰。他戒酒、戒赌后，一口气在俄罗斯乡村开了二十多所学校。后来战争还在继续，政府让他关闭学校，不允许私立学校的存在。沙皇认为老百姓不识字更加容易被统治。托尔斯泰据理力争，当权者这样做的后果，是不是很愚蠢？当外敌打过来的时候，我们连识字的人都没有。

当今时代变化，战争相关的技术也在升级。即便是过去的俄罗斯，如果把那些不认识字的人带到战场上去，就相当于带了苦力或者人肉盾牌。托尔斯泰明白教育对农民的重要性，因此，要对他们进行文化教育。

我国立法规定父母有义务让未成年人去读书，否则就是违法。可见一个规定和决定，改变了多少人的命运。

托尔斯泰就像勇敢的、孤独的斗士。想想他当时生活在一个怎样的环境里面？我们更应该好好学习，珍惜美好时光，从改变个体、大众的命运开始，进而改变国家的面貌。每个人都应该感谢这个伟大的、开明的、昌盛的时代。好多人不理解，以为和平是天生就有的，学过历史的人都知道，和平时期是非常难得的。

托尔斯泰是积极的、想要为社会创造福祉和价值的人。他的精神气质，越读越觉得可爱。他没有架子，交友广阔，官员、学生、教师、修士、隐士、农民、地主、仆人、伐木工、流浪汉……他深爱着他所处的社会。他想了解社会各个阶层人的想法。

我们的时代，贫穷、饥饿、疾病等问题大多解决了，对于个人来说应该怎么做？如何才能创造更大、更多的价值？现在学习得越多，未来为这个社会创造的可能性就越大。比如你只想学习修车手艺，去干维修工。如果你深入学习，扩大学习范围，对汽车的制造、销售、维护等都有深刻的了解，未来会不会有可能从事更广泛的领域？专一型人才和综合型人才，都会为社会做出奉献。托尔斯泰是后者，会写作、经营庄园、打仗、教学，干什么像什么，非常优秀。至于精英的定义，不仅是他们对某个领域精通，更是干什么像什么、成什么。

托尔斯泰居然还会做鞋子、耕地、做饭、盖屋，他要做个切切实实的劳动者。他从小有非常好的成长环境，以及非常称职的陪伴人。他们教会了他勤劳、善良、宽容、仁爱，为世界培养出一位非常伟大的托尔斯泰。再看中国，欧阳修的伟大、苏轼的了不起、胡适和鲁迅的才华，很多时候，第一步是来自他们身边的人早期对他们的教养和陪伴。

托尔斯泰家的庄园非常广大，他和大自然的关系非常融洽。一年四季，花开花落结出果子，野兽的出没，虫子的叫声，星星在天边落下去。

他这个人特别舍得赞扬和肯定别人。这点你要学习，我也要学习。别人的好一定要及时告诉他。托尔斯泰读了屠格涅夫的《猎人笔记》，把作者夸得都不好意思了，自己也开心得不行。

但是托尔斯泰身上也有问题，比如偏激、敏感。别人对他说过的话都忘了，他可能几年都忘不了。越是有天分的人，越是容易多想一些，越是容易过度保护自己。小时候的经历，造成的缺乏安全感，也是影响性格的因素之一。

很多作家都写儿童文学，托尔斯泰也写过。

托尔斯泰的偏激我们应当避免，今天是人和人的社会，健全的性格，更容易使我们拥有良好的人际关系。

托尔斯泰还是个伟大的改革家、革命家，清醒的文学家、思想家、哲学家。世人对他的敬佩，提到他的名字，简直要屏住呼吸。他不仅像一颗星星，更像太阳一样灿烂。他有太多的美德，有苦难的童年，有奋发的青年，有自觉的中年。晚年，他的思想发生了激变，甚至想捐出自己的庄园，他是来解除这个世界的苦难的。

上天撒到人间的种子，应该长成热爱人民的人。种子变坏，除了自身因素，还与种子成长过程中受时代和家庭的影响，战争、灾害、苦难等有关。对于一个人的影响因素非常多，社会、家庭，甚至遇见某个人都有决定性的影响。

我今天、现在、未来所做的，就是帮助你和同学们保存自己的个性和创造力。我从来不要求你们和别人一样。而是让你们每个人不一样。你们是独立的个体。人类是宇宙中最昂贵的生命。每个孩子都是这个星球价值最大的，最有可能产生更大价值的生命体。

托尔斯泰当是贤师、能师的代表，你以后要长成自觉、自省的人，成为能帮助别人的人。托尔斯泰的作品，希望你们以后多看看，他是这样深邃的人。他的好多作品都被改编成了电影和电视剧，流传全世界。这个人做事很用心，为教育的问题一次次游历各个地方，去吸收更先进的教育。中国、俄罗斯、印度都是伟大的国家，出现过伟大的哲人。

时代能够培养出、生长出像鲁迅那样大的文学家、革命家，我们也享受着他们结出的果实。圣人是成长在社会这片巨大土壤里的。这片土壤里能长出什么样的人，对后来的五十年、一百年、一千年、五千年至关重要，比如孔子、老子、王阳明。

我们整个社会是不是要从个人做起？人人从善、从美，共同营造出一片培育圣贤的土壤。教育的意义让人们更真、更善、更美。除此以外，教育的价值是什么？天才的土壤还要碰到能够孕育天才和保护天才的园丁。我正在做着保护天才的工作，希望你的未来能够通过一次一次的学习，深入地去剖析这些伟大的人的一生，以他们的经验和经历，照见你的每一天。

每个时间段的成长，都有要注意的问题，还要学习他们很多的美德，才能使未来的生活和创造，变得更加有价值和意义。

托尔斯泰是天才中的天才，他是民主斗士，是改革先锋，还是穷苦人的朋友，是民族的守护者。他所做的一切是为了让这个民族更好，而不是去贪腐，去占有更多资源。世上有三种人，一种是让自己过得更好，一种是让别人过得更好，还有一种人让自己和别人都过得更好。

在任何一个时代，任何一个国家，任何时候，通常想让自己过得更好的人更多一些。因为这是每个人都能做到的。让别人过得更好，肯定是有见识、有教养、有能力的人才做得到。如果一个人只能自己工作，把自己和孩子养大都很费劲，还怎么让别人更好？不能用更高的标准去要求每一个人。因为他们都在自己的位置上，发挥着能力与见识。每个人得先把自己做好，再把社会建设好，我们的时代和未来的时代，才能够培养出像托尔斯泰、泰戈尔、鲁迅这样的人才。我乐见其成，时代正在进步，且飞速地发展，我们正在见证伟大时代的到来。

第二十课　在天之圣——泰戈尔

人们知道泰戈尔是印度诗人，实际上他还是文学家、哲学家、画家、社会活动家、教育家、音乐家，印度的国歌就是由他作的词。他和托尔斯泰生活在同一时代，有相似的成长经历。知道穷人的苦，穷人的难，理解穷人缺什么，想要什么，和大自然是亲密挚友。

师：我的成长写作教学就是向泰戈尔致敬，他的父亲在印度被称为“大哲”，是文学家、思想家，人们认为他的才华已经无与伦比了，不可能再出现比他更强的人，然而泰戈尔特别有才华，非常有天分。泰戈尔有很多兄弟姐妹，在他童年时候，父亲把他带到喜马拉雅山麓自家的别墅度假。那时候山上有很多野兽，父亲只顾自己看书，从来不约束儿子玩耍，只在吃饭时才会喊他回家。那段时间，泰戈尔爱上了大自然。

泰戈尔的这段经历被记录在散文《前往喜马拉雅山》中，他说“职司方向的女神，用地平线在遥远的地方画了个大圆圈，我在圆圈里行动自由，不受干扰”。

小泰戈尔生性喜欢无拘无束的生活，对刻板化的校园生活十分厌恶，所以十几岁就辍学了，直到去英国留学。他的人生和成功经验，是他的家庭背景和时代造就的，在今天更多人还是要通过学校学习来获得知识。

生：我感觉他这样的人才太难得了。

师：你是对的，他这样的人才很珍贵，他当年创办的学校就是成长学校。我的写作和作文教学理念就是向他致敬。他当年的学校已经成为今天的印度国际大学，文凭全世界通用。随着学校的声名远播，前来求学的学生越来越多。他为了办学，四处筹款，足迹遍布欧美。

在当今和未来的世界，会有很多甘于为人类奉献的人，值得我们学习和敬仰。

泰戈尔的家乡有条河叫帕德玛，中文意思是“莲花”。他被爸爸派到乡下去收租，管理债务和租户，对百姓很好。他住在河上的船里，他写河水暴涨，住在船上的他过去只能看到河岸，有一天早上醒来，居然看见远处的村庄和树林，原来河水暴涨，船帮已经跟河岸一样高了。

他来中国时，他的中文翻译是徐志摩和林徽因。泰戈尔用英语和他们交流，虽然能把意思准确地翻译出来，但孟加拉语的文采没法传达。

泰戈尔天生就有丰富的想象力，几岁就会写诗，发表在报纸和刊物上。他的哥哥、堂兄、表兄也写诗。他终身带着想象力上路。你要记住，无论多大年纪，都不要让自己失去想象力。

他有非常好的家庭教养，父亲很有才华，把儿子们教得很好。有一天，他的父亲看到了他写的诗，才正式地为他请老师。父亲还请专门教作曲的老师教他作曲。他还喜欢唱歌、写歌，他写的歌在印度很多地方都传唱。

泰戈尔热爱大自然，在乡下收租，乡下各种花儿开了，都成了他歌颂的事物。印度三面环海，属于热带季风气候，有明显的雨季和旱季，是流淌着蜂蜜的地方，是被上天爱着的地方，是鲜花不绝的地方，是玛瑙和钻石做成的地方。泰戈尔爱他国家的香味，爱他国家的鲜花。

我希望你学会赞美我们的国家，赞美我们的民族，赞美我们的城市和乡村，还有你生活的地方。我们的城市也是钻石和玛瑙做的。我们的城市不光流淌着蜂蜜、牛奶，还流淌着知识、美德。

泰戈尔是印度的圣人，在天之圣，他和圣雄甘地被称为“印度双雄”，一个代表着印度文学的高峰与成就，一个带领印度人民独立。像这样的人，一个国家出一个都是无与伦比的好事。我们国家当然也有，比如鲁迅，他带领我们觉醒，使我们觉悟。

泰戈尔从杭州乘船去南京东南大学，沿途他还写下了这段经历，黑暗的乡村有两三灯火，这么宁静的乡村美景，在印度是看不到的。他羡慕我们中国人有自己的国家，印度当时是英国的殖民地，印度人民都是英国人的奴仆。他比喻喜马拉雅山就像两片屋檐，认为中国和印度两国人民应该团结起来，共同抵抗外敌。鸦片战争时期，运往中国的鸦片就是在印度种植的，印度的土地被殖民者用来种植鸦片。

鸦片伤害的是两国人民。

好的人物都重视教育，更重视小时候的教育。

泰戈尔认为尊重天性自然的教育是适合孩子们成长的教育。他刚开始收学生，学生都跑掉了，家长害怕不考试会阻碍升学。他去说服亲戚的孩子来上学，并且免费。他把知识放在首位，人才培养放在更重要的位置，学成的人才在印度颇受欢迎。现在全世界多数教授和学者都希望去印度国际大学游学、客座，这是一生的荣光。

我要教给你道理，很多事情只有想才能做。有的事情能想得到，但做不到。

我们每讲一个历史名人，你觉不觉得生命的天空里又多了一颗星星？我想，这些名人就像恒星一样照耀着你。你要向他们学习，不光是知道，还要研习，才能有更多收获。

泰戈尔特别长寿，热爱运动，性格开朗。他很热爱大自然，屋檐滴下的水，就像一串一串的珍珠，又像一行一行的诗，还像一串一串跳动的音符。

他的诗想象力无比美妙，特别爱写芦笛声，质朴优雅、音调简单、动听悠远，能让人安静下来。他爱写黄昏、月光、星光、宇宙，爱写湖面，各种花草树木。爱写旱季和雨季，好多物像在他的诗中一再出现。他获得诺贝尔文学奖的作品《吉檀迦利》，是献给神明（大自然）的歌，诗中的美随处可见。你要一直带着想象力，在作文里多用想象和比喻。如一阵风吹来，我的心儿就像花儿开。我听到风里有你留下的话语，像天神给我的启示。

师：作文课好玩还是写作课好玩？

生：都好玩。

师：真正有才华的人，要配上美好的德行，德才兼备。除了德行，还需要把自己的事情做好。

生：是的，德行与能力都要具备。

师：把自己该做的事情做好，这是前提。

把自己的事做好，把自己做好。泰戈尔成功的地方，在于他信仰世间万物和无穷无尽的大自然，方能放得下他的想象之翼。他把每一个事物都当成朋友，比如他写的《花的学校》，我希望你也是这样。我把万物当朋友，一只碗、一个闹钟，都是朋友，应该得到尊重，因为它们为我们的生活提供便利。

生：我们干得了的事，它们干不了。

师：对，人和万物要相互尊重。

我们拿热的东西很容易被烫伤，这方面是不是碗比我们强？

尘埃有没有值得尊重的地方？尘埃有没有团队精神？那么多尘埃聚

集在一起，成为沙尘暴、风暴。尘埃还很轻盈，可以随风飞扬。人不能。如果用心找，所有东西都有优点。一只蝎子有没有优点？当然有。一片树叶，都有存在的价值。

生：蝎子有毒，但能自己保护自己。

师：说得好，蝎子的毒对别人来说是毒，对自己来说就是武器，能保护自己。通过这节课，我希望你有发现别人优点的意识和眼光。

生：老师，这一点您提了很多次了，以前就说了好几次。

师：是的。要发现别人的优点，每个人都有值得我们尊重和学习的地方。还有，泰戈尔特别热爱自己的国家和民族。我们也一样，自己的国家自己努力建设她、爱她。从泰戈尔身上我们还能学到更多优点，比如他特别勤奋，一生写了一千八百万字。这么多字数我们今天是能实现的，可当年是手写的，起初还可能是用鹅毛笔写的，一天能写几十首诗，他和花园里的椰子树是好朋友，他是多么有爱的人。

他的爱好广泛，你也爱弹钢琴，好好发扬这个爱好，很幸福。当你累了，痛了，失败了，开心了，兴奋了，都可以弹一首钢琴曲，舒展自己的胸怀，培养情操。如果你要穿越到泰戈尔身边，你想看到他在干什么？

生：我想看到他在写书。

师：泰戈尔是我最为敬爱的在天之师，我没有见过他，但他的作品在教着我。教育我要善良、要仁慈、要努力、要进取，还要有更多品德。他的作品确确实实地启发和开悟了我。我欠他的恩情还不了，希望将来能在天上见到他，能跟他道谢。或许还有另一个方式，就是用从他那里学到的写作和教育思想，去造福其他人。

泰戈尔性格温和、包容，你想对他说什么？

生：我们是您素未谋面的学生，我们对您感激不尽。

师：要感恩每一个给我们带来恩泽和恩惠的人，有时候好处并不是直接得来的，也要心怀感激。比如读李白的诗，那么美，是不是要感谢？比如学习算术，虽然不知道是谁发明的学科，但能让我们更聪明、更智慧，要不要感谢他们？

我们来到人世间，一切都准备好了，交通、路灯、小区、通信……是不是要感谢所有人？

第二十一课　在天之师——叶圣陶

叶圣陶是著名的文学家、教育家，还是教育部原副部长。其代表作有《荷花》《稻草人》《古代英雄的石像》等，受到中小学生的喜爱。

叶圣陶是中国现代童话创作的拓荒者，很大程度得益于他从事的平民教育和大众教育。

叶圣陶的作品里，有两点跟泰戈尔、冰心等相通，就是爱和善良。尤其是未成年作品，更加需要秉持这两点，当然还有成长。叶圣陶是一个非常积极努力学习的人，决心要为国家奉献自己。他很有天赋，很长寿，做到了温、良、恭、俭、让。把这五项拆开，就是他性格的主要成因。一个人的长寿，跟性格相关。

今天又要讲关于品德的要求，以下的十个关键词可以用一辈子，你可以记下来。

第一，爱的能力。爱别人，爱自己，爱国家，爱万物。学习的能力，你要终身学习，而不是为某一件事情学习，你要主动地去学习，对任何事情都保持兴奋、兴趣，有探索欲。

我对科学感兴趣，爱看科学书和杂志。爱的能力和学习的能力，希望你每时每刻都具备。

第二，学习的能力。它能让你的人生在有限的时间之内，创造无限的价值和可能。哪怕你只是在思考，在发呆，在放松，在运动。

第三，思考的能力。你要学会思考，这很重要。思考和思考能力不是一回事，不仅会思考，还要掌握思考的能力。

生：我喜欢问为什么，但妈妈有时候会觉得我问得太多、太烦。

师：这是好事，等你渐渐地长大，能自己去寻找答案和解决问题，你就会减少对妈妈的依赖。你要保持对世界的探索欲，具备思考的能力，学会发问。

第四，发问的能力。大人们有问题要问世界吗？当然有，一直都有。我昨天夜里三点多起来，突然想看看南半球的星空，南半球的星空和北半球的星空是一样的吗？

生：不是。我知道和在扬州看到的不一样。

师：南边的星座就像一条毛毛虫扭扭的，还像一朵盛开的花，特别好看。这个不一样，是不是可以产生疑问？

生：我知道为什么不一样，因为我看过这方面的书。

师：要终身保持发问，只有带着问题，才会去探索。

第五，要自律，自我管理，情绪管理，自我调理，自我规划。保持自律，是成功人生的保证。

第六，观察力，是一项重要的能力。这个世界对于每个人都一样，由于看到和观察到的不一样，导致结果也不一样。比如观察得不一样，就会写出不一样的作品。观察是我们心灵的第一扇窗户。你如果不能学会观察，观察不够，就根本不会注意到一些细节，甚至连大面上的都注意不到，你觉得那样学习和生活会好吗？

你还要观察别人的神态、动作、心理活动、微表情。别人都不高兴了，你还一直说，那样就会令人讨厌。为什么我在每个场合都站着演讲？因为我要看着每个人的眼睛。别人喜欢听或不喜欢听，我会在下一秒做出切换。老师也要学会观察。

第七，阅读能力。要读一辈子的书，拥有不一样的人生。你要好好读书，好好学习，才能有能力、有知识。

第八，动手能力。动手的好处，和大脑相通。小孩子在学会吃饭的时候不肯自己吃饭，对大脑损伤最多可达到15%。动手修理家具家电，会提升家庭成员的幸福感。做实验、制作标本……都是需要动手的。你做的甜点，也要动手。

第九，倾听的能力。相当重要，是我们跟世界交流的方式，还有嘴巴说，鼻子闻，耳朵听，心灵去感受。

泰戈尔是我写作的在天之师，叶圣陶是我的作文和教育的在天之师之一。我的老师还有意大利的、丹麦的、瑞典的，当然还有中国的，长于教育的叶圣陶、夏丏尊、陶行知、朱自清。学会听别人说话。

第十，照顾自己和别人的能力，关爱能力。

我非常愿意讲叶圣陶先生，把我在中国的在天之师教给你。我是1973年出生，他1988年去世，这么一位伟大的教育家、出版家、学问家、社会活动家跟我擦肩而过。他留下的作品，能够影响我们。

叶圣陶还有个特点，是一位非常难得的优秀的语言艺术家。语言是一门艺术，是教教育家的教育家，是教育泰斗，是教育塔尖上的那个人，又是优秀的语言艺术家。他主张规范的现代汉语包括规范的修辞、语法、词汇、标点等。每个词汇都是作文大厦的一块砖头，你要用砖头去盖作文的“房子”。标点符号相当于黏缝剂，修辞手法相当于装饰装潢，用比喻、夸张等让房子更漂亮，白色的更白，金色的更耀眼，规范的语法就是句子的用法。句子要规范，不能有病句，翻译的夹生句子，都不可以。

语言的学习方法，要学习一辈子。即便是专业作家，也不能说中文语法能力过关了。语言学习又是一辈子，其实人生好多能力的习得都要持续一辈子。关爱别人，动手能力……都需要一辈子去做。所以学好一件事就够了，一件事一辈子都未必能学好。

培养广泛的兴趣，最终找到一两样，钻研下去。那么，你想对叶圣陶说什么？

生：我很喜欢你的书，你写的文章很感人。

师：泰戈尔、托尔斯泰、叶圣陶，他们三位教育家，是不是教育别人也教育了自己？如果我是叶圣陶，我会回答你，只有美好的心灵才能写出美好的作品。心灵里有爱和善，作品里才会有。一切的创作来源于生活和心灵的加工与再创造。

希望你未来关心社会，关心公益事业，关心教育，关心自己，关心家人和他人。

第二十二课　史学文宗——司马迁

司马迁是中国第一部纪传体通史《史记》的作者。司马迁走过很多地方，为了了解地方风物、习俗，编写史记。

二十岁时，司马迁学业小成，在父亲的指示下，他开始游历天下，他曾到汨罗江凭吊屈原，也曾登上庐山观览禹疏九江，还曾考察齐鲁文化，领略孔子遗风……

《项羽本纪》是颇有争议的，项羽没有做皇帝，不能用“本纪”，但太史公偏爱项公，用了“本纪”。史官是中立的，需秉笔直书。干历史记载这一行的人，在“中”才能记录。司马家从周朝开始，世代为史官。他小时候父亲在朝廷为官，而他在老家龙门耕田种地，当家长主持家务，是个很能干的少年。他记忆力很好，有两个老师，一个是孔安国，另一个是董仲舒。董大师在扬州做了十多年江都国国相，司马迁或许来过扬州拜谒过恩师。

那时候的灯油，靠烧动物油脂，亮光很小，油烟很大。白天时间不够，司马迁为了写《史记》只能连夜加班，最终熬得牙齿稀疏、头发脱落，眼睛也快失明了，背也驼了。功夫不负有心人，《史记》受到史学家和文学家的集体称赞。

《史记》里除了大量的国家大事和人物传记，还有山川、星象、卜巫、货殖等，感兴趣的都可以看一下。整本《史记》有五十多万字，称得上包罗万象。它是浓缩的，一个字顶好多个字用，一篇很短，几百个字，涵盖太多知识。

教育对民众的影响非常深刻。董仲舒在江都国期间培养了一大批文人，文人再培养文人。能改变精神面貌的是经济、建筑、文学还是教育？苏轼被贬到儋州，有学生追随而来，他走了九年以后，海南出了第一位进士。接受教育也是对社会做贡献，教育会让人变得更谦逊，更有才华，更有专业知识，更有信仰，更有理想和抱负。教育本身就是一种“生命的魔法”。好的教育取决于好的教材、好的老师。有了好的老师，就会有好的教材和方法。好的学生，要靠好的家庭和学校、社会共同造就。

一百个人去讲论语，如果董仲舒讲，肯定讲得好，但也有其他人讲得好。司马迁写的“二十四史”之首，也是中华民族的史学山巅。我们还要写很多史，经济史、水利发展史、改革开放史、食品工业史……每行每业都有史。今天的人能不能做司马迁的工作，还能做得像他那么出色？或许会有。

立功、立德、立言是儒家思想。立言就是创立学说，成为后人传诵的名言，不仅是言论。司马迁的《史记》里有“功”，他在史书里秉持的操守和水准，可以为万世之功。后世有多少人写历史能不带着立场？为什么鲁迅称赞司马迁写的是“史家之绝唱，无韵之离骚”，因为没有人能够达到他这样高的水平，遭受屈辱之后还能保持公正、客观的立场。如果不是他坚持相对真实的记录，后人怎能了解刘邦等人和那段历史？

再说“无韵之离骚”，整部《史记》影响了后世很多从事文学的工作者，比如欧阳修的《新五代史》，还有不少史学家，都以此为典范。皇帝不喜欢他，但喜欢他写的书，这是君子之胸怀。对中国文学影响深远，鲁迅也在其中。

你我也要学习，学习司马迁的作品和精神。他的事迹总会出现在我们的生活里，还会一直流传下去，这很了不起。成败得失、计谋、政治……《史记》里都有，被运用于各行各业，军事、政治、历法、宗教、气象、星象、货币、风俗等，甚至还有很多派生出来的新类别，都受到了《史记》的影响。

司马迁二十岁时游历天下，上姑苏，望三湖，可能也到过扬州，圣人留下的足迹都印在那里。这天下，还有没被人踩过的路吗？实际上我想说的是，只要有路，都是被人踩出来的。这个世界圣人很多，比如泰戈尔乘坐小火轮经过扬州的那段江面，每次我看到江水都很激动，就好像看到泰戈尔正站在船头，看着我们的夜晚和天上的星火。

父亲嘱咐司马迁要继承家学，成为史官。父亲把遗愿托给儿子，让他成为了不起的人。除了老师之外，父母是孩子最好的老师，孩子要敬爱父母。

一个民族如果没有历史，就相当于一张白纸，一切都会被时光带走。建筑、文化、人民……因为没有文字记录和流传，都会被湮灭，会失去来处。史官帮助人类留下足迹，如果没有他们忠实的记录，我们的过去将是一片空白。

司马光当年也不好过，由于政治斗争，只能闭门写史，写成了《资治通鉴》。

人生太坎坷，多难也不能改变志向，人要有理想、有目标，还要有实现理想和目标的能力。司马迁在他有限的生命中做到了最好。我们每个人有没有想过，要把自己的生命在有限的时间内做到最好？

有的人觉得把日子过好，就是圆满。有的人想要做行业翘楚，领导一群人干事业，为社会和国家做奉献。各有各的目标，各有各的意义，没有高下之分。后一种就是要更加努力，更加求索。

你要学习司马迁，无论你未来做什么，都要把你的行业和你的工作，尽量做到最好。

第二十三课　国之仰仗——司马光

救小伙伴的司马光

司马光小时候和小伙伴在庭院玩耍。一个小孩不小心摔进大瓮里，别的孩子见状都吓跑了，只有司马光很淡定，拿起石头砸破了大瓮，救了小孩的命。

师：我们能从他身上学到什么？品德、特点，或者是避免哪些问题和不足？今天你来讲，你比较熟悉。

生：我觉得应该学习他勇于救人的精神，当时他那么小，能想到这个办法已经很不错了。这说明他很沉着冷静、很有智慧，有逆向思维能力。我们还能学到遇到紧急问题紧急处理的果断，这样的性格能够让他平安度过一辈子。

师：他学习很刻苦，有天赋，遇到不公和打压，仍能用乐观积极的心态过一辈子。

司马光少年得志，在朝廷里有个特质，不偏袒任何一方，就事论事，是个非常杰出的人才。能当官，从文从武都可以，他跟范仲淹是同时代的人。当时朝廷有两派，革新派以王安石等为代表，守旧派以司马光等为代表。

后来任宰相的韩琦，在扬州当过官。四相簪花，其中为首的就是韩琦。王安石、欧阳修、苏轼，都当过很大的官，也都在扬州任过职。

在韩琦当宰相时，司马光还是言官，向各部提意见，无论是改革新政还是边关事务，他都孜孜不倦地提议和谏言。当了五年言官，他恪尽职守，向皇帝上书一百七十余份。

司马光性格温和，不像苏轼，也不像欧阳修。他是非常中庸的一个人，会隐忍，做人喜欢退一步。

司马光与名臣庞籍是忘年交，他曾随庞籍在西北工作。这里与西夏交界，有一块土地常年被西夏人占领耕种。司马光经过巡视，建议庞籍趁着西夏人秋收后撤走的时机，收回土地，并在那里修建堡垒。庞籍听从建议，没想到派去的军队全军覆没。

而此时的北宋朝廷，对西夏采取妥协政策，为了平息这件事，就免去了庞籍的职务，把他贬去青州。司马光非常正直，三次给朝廷上书说庞籍是听了他的建议，理应由他承担责任。庞籍担心连累司马光，请求免除司马光的责任，自己引咎辞职，回归故乡。

司马光这一点非常令人佩服，敢作敢当，不惜顶着杀头风险。儒家思想培养了一代又一代纯儒。至少在宋代、明代都培养了大批正直的人才。宋代儒家将心怀万民、忧怀天下思想发挥到了极致。士大夫文武双全，戍边、谏言、治国理政都很卓越。

千古司马光，他的伟大之处在于知错就改，相当难得。有的人明知道有问题，还是会一条路走到黑，比如蔡京，他损害国家的利益和百姓的生计，导致国力衰退，使北宋这艘巨轮走向沉没。

写历史的司马光

司马光在朝中，也总会遇到这样那样的问题。他为什么要写《资治通鉴》？我也看了资料，他在以写《资治通鉴》为最后的避难所。政治避难，能当官做事就做，不能就写书、修史那是相当好的。他带领一帮人修史时是在一座园子里，像书局，叫“独乐园”，好名字！

前后一共十九年，多么漫长的岁月，凡事一定要坚持到底。没有十九年，哪有《资治通鉴》，比如修个八年太累了，不想干了，或者有人请他出山主政，就想着要去做官，那就容易中断。三百多万字都用毛笔写，而且还要修正、校对，多么不容易。他六十几岁就病得很厉害，不看书哪儿来的参考资料？在这点上要学习司马光，多读书，广泛读书。当然，他是主修官，还有副修官，以及其他各路人员。

书写好后，皇帝非常喜爱，在每一篇首尾都盖上了自己的“睿思殿”图章。司马光把修撰《资治通鉴》当成了心灵的避难所，躲开了十几年的纷争。那十几年中苏轼颠沛流放，受尽苦楚。同时代还有一个人修史，就是欧阳修的《新五代史》，但没有《资治通鉴》流行。这部史是唐宋以后唯一的一部私修正史。

宋代的文化历史非常灿烂，书法、绘画等都达到了很高水平。

儒生读书有几个出路：做学问，做教师，还有做官，做文化人，做自己，过自己的日子。杜甫以他的“三吏三别”进入历史，这没问题。但司马光比较奇怪，即便去世以后，别人还对他比较忌惮。《资治通鉴》修完以后，他又出来做官，最终废除了王安石在职立下的所有改革法令。他在宰相位置上曾写信给吕公著说，我生病了有医生，我家里的事情托付给儿子，但国事还没有托付，今天就托付给你吧。

司马光年轻时也想避开政治中心，有个机会让他做“知制诰”，为皇帝拟写诏书，是培养宰相接班人的。欧阳修和苏轼也担任过这个职位。司马光连续九次上书推辞，不想担任这个官职，后来被任命为天章阁待制兼侍讲，仍在谏院工作。他总想避开大路，但本身就是栋梁之材。

帝国的宰相司马光

宋哲宗即位后，司马光在高太后的支持下拜相，陆续废除新法。听闻消息的王安石在南京待不下去了，他在相位上拟定的振兴北宋的法令都被废弃，没想到是被一个躲在家里修史十五载的人干的。他急得一病不起，不久辞世。

司马光去世后，配享哲宗庙庭。全大宋的百姓都知道他去世了，京城的百姓跑去送葬，哭得非常伤心，就像自己死了亲人。每家每户挂上司马光的像，上香烧纸，祭拜牌位。他就是这样一个受百姓爱戴的人。郑板桥去世后，他所在的潍县家家戴孝，在任对我好，就相当于是我的父母去世。好官，他们好的标杆立在人间，立在世世代代老百姓的心底。

司马光做人做事，左边拿着规，右边拿着矩，从来不越规矩，扎扎实实、勤勤恳恳，为北宋朝廷、皇帝和百姓贡献自己所有的力量。可是死后仍不平静，配享太庙后，被剥夺所有殊荣，把他的牌位从里面搬出来扔掉砸烂。后来又给他荣誉，又剥夺荣誉，党派斗争绵延不绝，人死后还要清算。

司马光是个什么样的存在？在王安石变法之初，他曾替王安石辩驳。随着变法的深入，触犯官僚、地主阶级的利益，司马光开始反对变法，被列为“元祐党人”。如果你是司马光，你会如何处理呢？

生：我感觉先保障自己安全了，再保全别人。

师：这是个非常纯粹的儒生，从砸缸救人做到了帝国的宰相，还是在救人，救天下之苍生，了不起！他留给我们的不光是一部《资治通鉴》，还有其他著作，实际上始终在救人，始终在为他人谋福利，这一点值得我们永远怀念和铭记。

昊然呀，人生总有宿命，我这里说的宿命并不是要你认命，是你积极进取以后的宿命。你选择的偶然，形成了你走的每一条路都是必然。你的每个脚印都是你的偶然和必然结出的果实。所以，面对每个选择的时候，你要慎重。走任何一条路，你都要勤勉、精进，不能马虎。人生容不得马虎。你结出的生命的果实，在你的选择之下的果实，而不是你喜欢这个没干成，你干成了那个你却感到痛苦，反而导致了一次又一次遗憾、失落，遭受打击和失败。你的果实至少是甜美的、柔软的、可口的、多汁的、营养的、丰富的。

苦涩的，不能叫果实，叫苦果。

有种果实叫苦果，干涩的、磕牙的、没有营养的、有害的、有虫子的、有农药的，那就不叫果实。你也可以不认为它是果实，叫苦酒。

司马光结出的果实，都是善意的、中立的、中庸的，也是奋不顾身的、满含着柔情与刚毅的、勇敢的，是民族的卫士，是百姓的仰仗，是朋友的寄托，是家人的依靠，更是朝廷的砥柱。

通过他的生平，我们知道了元祐党争及两党的人，即以王安石为首的新党和司马光等旧党。这么多优秀的人在一起，造就了大宋非常灿烂的儒家思想和文化的峰顶。

所以不能轻易否定和批评一个派别或学派，曾有很多的人为它奋不顾身，有很多前辈做出光辉的、卓越的成就。谁敢轻视儒家？随便哪一个出来都能辉耀千秋，哪个不是千秋万代都该仰戴的？

随着北宋统治危机的加深，以及周围政权的强大和攻伐，最终丢掉半壁江山，但是它创造的灿烂文化如一条奔腾不息的长河流淌至今，并且还会向未来流去。历史就是一条河，上一秒流过我们，下一秒流去下一代人。我们说的每一句话，上一秒成为历史，现在正在进行着，下一秒又成为历史。

要珍惜时光……

第二十四课　文武全才——秦观

炎凉人生

师：秦观是扬州高邮人，名观，字少游。你想了解他的哪个时期？

生：我想知道他在少年时候怎么学习的。

师：秦少游的家境非常普通，但他从小就天资甚高。像秦少游这样的种子，说是万里挑一，绝不为过。

秦家没有后台，考上进士也很难做到大官。我在《扬州童话》里，写了《苏东坡和秦少游》，他仰赖苏轼提携，但可惜避不过党争之祸。苏轼反对王安石变法，开始被列为旧党，而他作为苏轼的学生也受到牵连。过去斩首十族就有门下学生，就能说明这种关系也很重要。

秦少游比较清高，才学很好。他仿佛是从天而降的文昌星宿，不会因为利益去攀附权贵。当时听闻苏轼在徐州带领民众加固城墙防洪抗灾，把洪水挡住，救了民众上万，此战令苏轼名震四方。秦少游去拜见苏轼，他不肯见。秦少游写了张字条，宁愿不见万户侯，也要拜见苏轼。这个字条被传为美谈，让两人结下大半生情谊。

苏轼和扬州的缘分很深，苏轼的学生有高邮的儿子（秦少游），还有高邮的女婿（黄庭坚），苏轼让秦少游写《黄楼赋》，试出了秦少游的才学，收录在苏轼的全集里。这篇赋作让苏轼对秦观刮目相看。这件事告诉我们，如果想就应该去试一试，哪怕只有万分之一的机会。要不然，这辈子秦观都没有办法和苏轼成为患难与共的师生、知己。当时的情况非常糟糕，新党和旧党轮流执政。新党当朝执政，旧党就自请外放。所以秦少游的命运，自然而然地遭受牵连。他没有苏轼名气大，在朝中的人际关系也没有多少。苏轼被外放了，连敢来送行的人都没有几个，想想他作为学生有多难。

秦少游之所以能考上进士，走进仕途，也离不开一个人的影响——大名鼎鼎的新党领袖王安石。是他的贵人、恩师苏轼亲自写信向王安石推荐他，说秦少游是好苗子，将来也会是好官，擢取这位贤才，相信他将来对朝廷和百姓有用，“愿公少借齿牙，使增重于世”。

故此，王安石就做了个非常有名的点评，说他的诗写得好，说他的文论学得好，后来在苏、王二人的鼓励下，秦少游才终于考上了进士。在此之前，秦少游当了好几年苏轼的学生。苏轼从黄州被贬到汝州去，知道王安石退休在南京的钟山隐居，想要上岸见一见王安石，在见王安石期间顺便办成了一件事，为秦少游开路。

昊然，如果你的生命中能够出现高人、贵人、恩人，一定要忠诚，要感恩。好多人总说自己运气不好，很可能你既没有做善事，也没有善待别人，更无善心和善念。我把你当自己的孩子教诲，这些道理你都要懂得。你们将来都会是社会的栋梁。你所处的位置越高，要面对的困难和挑战就越多。

在秦观的生平里，看到更多的是世态炎凉，人情冷暖，是派系斗争和倾轧，这对于他仕途的损毁，甚至健康的损坏，都有内在的联系。他能当苏门四学士之一，可见其内涵和能力。而秦少游往往被人们认为只能写写《鹊桥仙》这类婉约词，给他打标签。实际上比他的词写得更好的是他的策治，讨论时事、政策，给国家献计献策，秦少游是相当了得的。我们要用这样的眼光去看他，基于这样的认识，我可能要在《扬州童话》里重写一篇秦少游，原来对他的了解还不够深。

苏轼几次途经高邮，秦观陪伴左右，游历名山及扬州等地，这段是师生过得非常开心的日子。昊然，人生得一恩师足矣。晓晴老师不是你最后的驿站。有时候师生相互照拂，相互辉映。老师更好，学生才能更好，所以我也在继续努力前行。在秦少游的时代，能和苏轼做师生，多美呀！

读书要旨

晓晴老师也没有遗憾，这辈子到现在也有恩师，我跟你说过的在天之师泰戈尔，在世之师朱苏进。你也应该在浩如繁星的名家名流中找几位你喜欢的人物，专门研读。中国古典的，你可以选两三位，国外的选几位，不要多，更不要杂，多选等于没选。他们的学术是相互碰撞的，甚至是相互矛盾的。你自己要找到和你的精神有思想共振的良师大才。

西方哲学我选择的是叔本华和尼采，歌德是艺术上的。别人的知识和理论你可以作为了解和补充，要树立自己的精神和学术支柱，然后就是花花草草，就像你在大树下徘徊、思考，身边也会有鲜花和灌木。还有更远的古希腊的柏拉图、古罗马的西塞罗等。我曾经连续读书四个月，什么也不干，有天夜里读到凌晨三四点，竟然在沙发上睡着了，早晨醒来发现身体还在歪靠着。

读书要少走弯路，读对你有害的书，是有百害而无一利的。

读书令你有捷径走到前面去。学校的知识，别人考满分100分，你又不能考101分，大家最后学出来的知识差不多。你能跟人家不同的，就是你的阅读，冰山以下的部分。读了书不要炫耀，时时提醒自己读得还不够。每个人都可以认为自己读得太少。你还小，读得太少可以弥补，晓晴老师读得太少，会成为终身遗憾，即便现在追也来不及。别人也天天读书，可能比我读得还多，越追越远，看不见别人的背影。中年人读书要只争分秒，老年人读书要只争朝夕，读书要趁少年时。

秦观为什么能写那么多策论？因为那时候的进士考试和做事都需要用到。他也读书，无所不读，读书要致用，“学以致用”，读书的动力就是要用，读了不用，不过是浪费时间。

我希望看见你的时候，你正在捧着一本书读。士别三日，当刮目相看，说的就是人持之以恒地阅读带给他的知识能力和精神的滋养。

从现实中学到的知识很少，读书可以读到很多。关于读书，你尽可以花费大量时间和精力。一个人的阅读水平，决定他的知识体系和知识储备量。你读的是表面的文章，好比大风吹。比如一股来自西伯利亚的寒流，从西北吹到东南，也是有其行进路线的。我们读书不光要看到大风吹，还要知道这股风从哪里来，一路上经过了哪里，穿越了重重高山，来到我们这里，成为扑面而来的寒风，告诉我们冬天到了。读书一定要沉下去，沉到事物的内部去。不要怕慢，就怕快。比如读到昆曲，要想一想什么叫曲牌，孔尚任是怎么回事……这样读下来后，远远不止一本书的容量了。别怕慢，比如读《明史》，要了解几十个明代的人、明代的历史背景、明代人的著作，都要看。

读书，要向先贤致敬。晓晴老师在你面前算个老师。实际上在历代贤哲们面前，我什么都不是。为什么说我对扬州的爱，比不上一片深秋的落叶？因为越学越知道自己不足，越学越知道自己不够。

合于太虚

师：秦观又字“太虚”，中国古代对太虚的解释有几种，如天空、玄理、宇宙的实体，以及气的一种清虚无形的状态。

对于秦观，在他身上可以学到，如果你想从事一个行业，尽量使自己更加广阔。他的学问也好，能力也好，已经沉进去了，沉到秦观的心灵去了。秦观也有爱有恨，秦观的诗词里写得最多的就是自然生活。如村庄、乌鸦、明月、月牙、秋水、长天、星空、太虚、草屋、栏杆、凉亭、西风、枯树、晨雾、小路……都是自然之物。再一次印证的是，你把万物当朋友，你的思考和创造里才能真正拥有它们。

我不敢说我的成长课上教的每个学生，都能从我这里学到关于阅读的重要性，但至少能让他们养成阅读的习惯，就算是功德无量了。

秦观经历一次又一次的打击和贬谪，也有人逼他跟苏东坡断绝师生关系，他都没有同意。宁愿被一贬再贬，贬了五次，仍然不改气节，说我就是苏轼的学生，这没法更改。对于扬州人来说，他的气节值得大家仰戴和学习。历史上高邮的这么一位秦观，一位伟丈夫，我们要以他为榜样，缅怀他。扬州有的是有气节的人，有的是有操守和品德的人。我们应该重新认识秦观，你若能遇到他，你想对他说什么？

生：我感觉他非常有骨气，像他一样努力学习。

师：昊然呀，老师想了一下，我们学到的很多文学大家和文武双全的人才，他们生活在党争之下，新党和旧党有成功的人吗？两派到最后都成功了，也都失败了。据传连权倾一时的蔡京都是被饿死在逃难的路上的。新党和旧党成功了吗？大家相互搞内耗，连北方的土地都丢掉了，跑到南方偏安。如果大宋上下团结一致，万众一心，朝着一个目标和方向去奋斗该多么完美。时光流转，千年过去，他们那个时代的纷争和倾轧如今就像秦观的名字一样，都尘封在历史中了。

所以，合则兴，斗则败，争端两边没有一方是幸免的。你出手去害别人，最终会害自己。

第二十五课　国之栋梁——曹操

万古一人

我们学习了前人、先人、故人、身边的人，希望你能够学习他们的品德、操守，学他们看待世界的视角，对社会的担当和责任，还有他们对百姓的爱护。

王安石、欧阳修、范仲淹、苏轼、李清照、郑板桥，这些都是历史上赫赫有名的大家名流。王安石是宰相，范仲淹也是宰相。当时的欧阳修和苏轼几乎达到了宰相级别，都是国家的栋梁。还有各朝各代的能臣、贤臣；还有要学习的君主，成功的秦皇汉武，失败的李煜；还有即将要学的，陨落在我们扬州的一位颇具争议的皇帝。

从帝王将相到诸子百家，希望我们的课程结束了，还能再学习点别的。

曹操是乱世英雄，我关于曹先生的作品有在人民文学出版社出版和再版的《曹操是怎样炼成的》《少年曹操》，以及山西人民出版社出版的全套五本的《青青子衿》《悠悠我心》《帝之辅弼》《国之栋梁》《建安之魂》。我对他的生平有比较全面的了解和探究。因此，我们可以对谈十堂课，带你走进曹操的世界。他是真正的将、相、王，死后封帝，做到了生荣和哀荣。他不是一生下来就很好，他年少时飞鹰走狗，逃学，恶作剧，干坏事，插科打诨，吃酒闹事，出去玩不回来，顽劣得简直不可以被教化，为什么后来变好了？

曹操生活的年代，比我们今天要糟糕很多。为什么他能建立不世奇功？他有他的时代，我们有我们的时代，我们的时代不也有了不起的人？你将来要做一个有发现时代特质、特征眼光的人，要做发觉这个时代闪光点的人。

学习本质

昊然，你要有发现的眼光，还要舍得去拼去闯去犯错。

晓晴老师要做的是，培养你们成为未来的创意和创造性人才，有独特魅力、有见识、有眼界、有层次、有胸怀、有能力、有品德、有素质的人。我今天并不那么在乎你能考多少分，我在乎的是你的个人成长；我在乎的不是你将来当师长还是当士兵，我们看到的不是权力，是更大的能量，能对这个社会产生更大的价值。

曹操遇到了人生中非常重要的老师——桥玄。

曹操正是经过桥玄的指点才浪子回头。为什么他会成为浪子？家庭、社会、学校、老师对他会产生共同的作用。所以对你的培养，也是一样。家庭、学校、社会都在培养你。这位桥玄老师发现了曹操身上的优点，正直、勇敢、无私、纯粹。他还发现曹操身上有一股不朽的向上、向善的动力。

你心中也要有源源不断的动力，就是向爱、向善、向上。

后来曹操又遇到一位好老师，他就是蔡邕，这位蔡老师培养曹操不遗余力，用实际行动告诉他，学习是一辈子的事。

不只一辈子。

蔡邕给毕业的曹操开了一份书单，长长的书单。曹操都傻了，怎么太学毕业了还要读书，我们在太学已经读了很多书。蔡邕说，太学只是阶段性的学习，而你人生的学习才开始。更广阔的学校在哪里？是社会。你从现在开始要养成自主学习的能力，没有老师也能学习；要会制订学习计划，才能不断地成长。

曹操虽然得到了书单，但直到几年以后，做官失败要回家，才把书单找出来给父亲，说这是当年蔡先生给我开的，希望能把它做好。然后，自己找人写书、刻书。

国之栋梁

他的一生短短六十六年做了多少事？他是怎么成功的？他是真正的文武双全，把国计民生当成自己的使命，当成自己的人生必须完成的责任。他就想做官，就想为民，他也想扬名立万。你总结一下看看，是不是有太多的名人都是把百姓放在心间的。

战争间隙，他率部回到家乡，走在村庄田头，只看到老人和小孩，还有妇女和残疾人，他问我家乡的青壮年男人都去哪里了？随从说，十多年了，征兵征苦了，征穷了，征空了，没有了。他潸然泪下，泣不成声。

曹操当年把田地给流民耕种，缺兵源就去家乡征兵。父亲战死儿子上，哥哥战死兄弟上。他给出的是土地，同乡给出的却是生命。昊然，做一个爱民的好官，做一个爱民的好人，你会得到百姓对你的爱戴和赞扬。如果你要做坏人坏事，会遭到周围人的唾弃。做好人的秘诀，和做坏人的后果，只在一念之间。

曹操还有一个特点，心有万民，心忧天下。他忠君爱民，带兵打仗的时候，身先士卒。有历史记载，最后一个士兵吃上饭，他才会吃饭。作为主帅，你对士兵好，只不过是平时的一粥一饭之恩，一声问候，而士兵却是要为你拼命的。你明白怎么做领导了吗？要把自己放在比员工的位置还要低的维度，你将得到他们的能力和能量，为你去冲锋陷阵，开拓新的领域。越有能力的人，恰恰是越谦卑的。要爱民、爱国，爱你能爱的一切。不要把爱放在嘴巴上，说说口号，要真正去做。动不动我爱天下，我爱苍生。没准听到别人一句议论你的话，你就不高兴了。

如何让自己成为胸怀天下、文武兼备的人？他热爱学习，是首位为《孙子兵法》做注的人，并被历代引用、学习。他自己就是个帅才，又当过兵。他要为军校学生上课，他还是教员。他做注的兵法到现在还能被军校采用。对外敌既强硬也怀柔，向少数民族地区输出文化、法律知识、农耕技术、中药等。

一些出身寒微的人获得地位和权力后，对财富和权势看得越来越重，极力追求。而曹操从小就生活在钟鸣鼎食之家，父亲做到高官，他追求的是物质、财富、权力和地位以上的个人价值的实现，做民族的栋梁，做朝廷的马前卒。

曹操意识到，历史上只有大一统朝代才能够长足地发展。曹操的善良透在骨子里，才华和军事才能无双。他还造就了古今少有的廉政时代。为什么老、中、青官员都要为风雨飘摇的东汉帝国付出毕生的心血和努力？这其中一定有曹操的作用，以及考核、激励的标准。

孤而不独

师：曹操是怎么会有不世奇功、不世胸怀、不世才能的？你说得好，他能从历史书中、学术著作中学到知识。自身的品德和修养是不是也是过硬的？当一个人想要建立更多更高的功勋，他要打败的是谁？上级、下级？

生：自己。

师：给你鼓掌。一个人想要超越别人，你要打败的只有自己。你高在云端，身边只有自己。身边没有比你更高的人提醒你、关注你、鞭策你、警示你，你只能不断地去超越和战胜自己。

学这么多知识，你觉得学习任务重吗？

生：我感觉有时候比较重。

师：要慢慢地消化。复盘要形成习惯，复盘要形成能力，复盘是再一次地学习。学了这么多人的品德、能力、操守等，对你有什么影响？

生：遇到事情会多考虑一下，在控制情绪方面也好了很多。

师：书本知识只能证明你在学校学得好，不能代表你自主学习学得好，读书读得好。学校的学习只是一种经历，所以叫“学历”，综合学习能力才更能决定未来的发展潜力。

第二十六课　大唐传奇——玄奘

作者和人物

玄奘是个非常特别的存在，他通过口述的方式写了一本名著《大唐西域记》，自己还是另外一本名著中的人物。借由这本著作的流传，他本人的事迹已经活了一千几百年，甚至还可以再活一万几千年。

《西游记》里他需要别人保护，而实际上去印度学习佛法途中，没有人保护他。领路的行为像猢狲的人，弄丢他的行李，还想谋害他，那就是孙悟空的原型。生活中和作品中的人物是有区别的。他本身是僧侣，但已经成为不朽的文学经典形象。

被写在作品中，自己又有作品的，又有几个人？曹操和玄奘很有福气。玄奘，我们从他身上学到什么？避免什么？我想给你讲的玄奘，是他悲苦的结局。他只活了六十三岁，二十八岁离开长安，四十四岁回到长安，行程五万里，历经一百三十八个国家，带回六百多部经书，还写了《大唐西域记》。他还创立了法相宗，跨两乘佛教（大乘佛教、小乘佛教）。简而言之，大乘佛教是帮助别人修行，度化众生；小乘佛教是自度、自我圆满。在佛法修行的大道上，他是既自度又度人，很了不起。

先说玄奘的结局，令人如骨鲠在喉。他回到大唐，受到唐太宗的礼遇。中宗李治当皇帝后，因为玄奘对佛法的精通，使得他受到的表扬和推崇太多，民间的影响力加大。谗言逐渐传到皇帝这里，皇帝就让人起来反对他。所以玄奘自请从大慈恩寺去到很小的寺庙，叫玉华寺，带着仅剩的一两个弟子，在那里待了几年，没吃没喝。临去世之前，他失足跌倒，从此一病不起，不久就圆寂了。

悲喜一生

引起嫉妒很危险，即便是一国之君也会忌惮远道回国的玄奘。玄奘回来后过了几年翻译经书的日子，感觉到情况不好，自己请求到更远的寺庙去，还是继续翻译。实际上待遇很糟糕，吃喝很少。都这样了，还有人监视他的言行。听信谗言的皇帝允许一个在佛教上不入流的所谓的佛门大德跟玄奘辩论佛法、经法，被他拒绝了。对方大肆宣扬玄奘不敢辩论，说明没有真才实学。玄奘受到打击，一蹶不振。他感觉怀璧有罪，怀佛学知识也有罪。他一人徒步走了五万里，才到了那烂陀寺学习佛法，可惜只活了六十三岁。

他去西域取经的原因是，他游历了众多寺庙，发现这些佛经被中国僧侣翻译过来的意思相差甚远，同样是一种佛经，意思却不同，甚至相反，这是因为翻译经书的人语言能力和理解力不一样。哪家哪派说的才是对的呢？哪种才是正统？

玄奘生于隋代，佛教从西汉末年传入中国，经过一代又一代僧人的翻译与阐释，已形成众多派别。他就发愿去西域取经，向朝廷陈情，不允许出关。后来发生饥荒，允许百姓自谋出路，他才跟随难民出关，游历了很多西域国家。从吐鲁番翻越火焰山，也看到了丹霞地貌。到了印度以后，来回走了十七年，长途跋涉有多少辛苦？他写的茫茫戈壁有风沙起来，分不清方向。人们怎么认路？有时甚至要靠看路边上死去人的尸体辨别方向。他在那烂陀寺讲解佛教经典，受到印度法师们的推崇，在回国的途中经过一个自认为佛法昌盛的地方，国王让他讲经。三千僧众向他提问，居然没有一个能难倒他。

玄奘是唐代非常了不起的人，翻译经书有“五不翻”，即秘密故不翻（如咒语），多义故不翻（对应几个汉语义），此无故不翻，顺古故不翻（已有翻译模例），生善故不翻。有困难不能放弃和抛弃。印度人很推崇玄奘，他们认为印度佛学能出这样一位人才是光荣的事。

千万不要引起别人的嫉妒，要低调再低调，要懂得保护自己。他也深知这样的道理，但情势不允许。他翻译带回来的经典，很可能要把国内过去翻译的佛经推翻、取代。正本清源的愿望是好的，但没想到带来的后果是这样的。他的回国，对当时国内的佛经和佛教，以及从业人员的冲击有多么大。诵了几百年的经可能都是假的、错的，还得从头再来，这是一个巨大的冲击，是整个社会不能承受的变革与摧毁。

玄奘去西天取经，就是一条鲜活的劝世真理。因此《西游记》不是一本普通的供人娱乐的童话，是“儒释道”三教归一的综合性作品。

绚烂险途

师：玄奘是写作的高手，是口述文章的高手。《大唐西域记》把景色描述得如诗如画，意境非常优美，令人读来如身临其境。今天的写作是视频化的、图像化的写作，看到什么写什么。这不是今天人的独创，玄奘当年就做到了，他秉持的就是类似今天的视频化写作，这点非常厉害。没人教他，但上天直接点化了他。

辩机和尚执笔，玄奘说，他的眼睛不行了。他说有个地方，花开得像灿烂的云霞，有一千个泉眼，所以叫千泉国。水草丰茂，空气湿润，人们热爱和平，花开如绮，像灿烂的霞光。

有想法和有行动是不是两回事？有想法和有行动的人比例多少，做成了的人比例多少？有想法的人 99%，有行动的人 1%，有想法加有行动的 0.1%，能做成的不超过 0.01%。像这样的人，十万分之一，或者是百万分之一。

玄奘为什么会成为作品中的人？因为他写的《大唐西域记》实在太好、太吸引人了。《西游记》很多景色是根据这本书写的，翻译成了印度语，在印度非常畅销。该书为后人留下了行进的线索，类似于游记、日记，记录下很多珍贵的、丰富的资料。你最喜欢《西游记》中哪个人物？

生：我最喜欢孙悟空。他会七十二变，可以上天入地。

人性背后

师：现在，猪八戒被更多读者喜欢。他身上的贪、嗔、痴，一切的负面效应，好像在我们每个人身上都会发生，他代表了负面效应。而与之相对的就是孙悟空，积极的、正面的、阳光的。其实每个孩子身上，都有这两面的因素。

人性的负面问题，面临生存时，总是为自己着想。猪八戒的性格中还有侥幸、狡诈。孙悟空却是英勇无畏、敢于牺牲，不甘居于人下，想要表现自我，但性格火暴，一句话谈不拢就动武。沙僧介于二者之间，比较中庸，不得罪任何人。他有优点，忠诚、吃苦耐劳、毫无怨言。整个故事贯穿了道家的金丹妙诀、佛家的心法、儒家的义理，可谓三教合一。

还可以这样理解，唐僧偏听偏信、嘴碎，特别一根筋，你把这四个人加起来，是一个人身上的四面。我们可能像八戒一样好吃懒做、自私自利，也可能像孙悟空那样积极进取、光明磊落，更可能像唐僧那样唠叨，还有点偏听偏信、偏执，也可能像沙僧那样讨好别人、息事宁人。四个人的人格，加起来就是一个人的不同方面。

生：我身上的自私，我要跟它为敌，我会提醒自己。我还会无缘无故地不高兴。有的时候太好奇，我什么都想碰一碰、试一试。

师：昊然很了不起，每次妈妈跟你生气，都是你先逗她说话，哄她开心，你知道疼惜妈妈。你保持兴趣和爱好，是正确的、应该的。如果什么都不想玩、不想做，就没有希望和潜力。所有的优点，比如隐忍、自持、勇敢、坚毅，以及所有的问题，如懒惰、自私、情绪波动等可能同时存在。

生：我小时候在外面得到的奖励，都会带回来给妈妈，吃的、用的都是。我小时候就很爱写写这个、写写那个。

师：很多时候孩子身上的特点，被周围人认为是缺点，实际上妈妈也知道是优点，但没有办法引导。你要明白自己的优点在哪里。

玄奘的一生传奇又精彩，虽然晚景凄凉，但不妨碍他曾经的光辉灿烂，千百年来人们以他为原型塑造了许多令百姓喜爱的形象。他在《大唐西域记》和《西游记》里有不同的形象，我希望你把他们四个人的好处学多一点，把他们身上的缺点规避掉。

从玄奘身上可以看到，要谦卑、低调，真正嫉妒你的人是你身边的人，知道你的人是你能够比高下的人。但也不要气馁，走的路越多，看到的风景就越多，把打击看成对我们的祝福和历练。但你现在不需要做到，你还是小孩子，告诉你低调就是对自己的保护，也是对他人的尊重。

第二十七课　一代文宗——鲁迅

鲁迅是文学家、思想家、民主战士……太多头衔，短暂的一生写了很多作品，做过老师，讲授中国小学史等课程，还曾是教育部工作人员。高山，看不上低矮的小山包，他拒绝一些所谓的奖项。

一篇好的作文除了会思考、观察、想象，使用修辞手法，还要会什么？错字很多，标点不对，能写出好的作文吗？多做一点练习，增加一些词汇量。我教你的写作方式，想象力的运用和构思方式，和对人、事物、景、情的认识，至少你的语文功底要跟得上。

专业写作中形容词的运用，准确地描述，精准地选词都很讲究，比如从容和宽容是一回事吗？宽容和包容是一件事吗？你能用得很准确吗？鲁迅在这方面，可是大师。他的形容词用得准确得就像外科手术刀，切开重新分配组合，再缝合上。鲁迅惯常用白描手法写人物的姿态、外貌等，把你的鼻子、眼睛、头发、穿的衣服，甚至你的神态描绘得清清楚楚。

写作文着重要学两种词，动词和形容词。比如瞟一下、勾一下，眼神能一样吗？比如目光，闪一下和扫一下是一回事吗？中文难在一词多用，词性还能改变。小学阶段，形容词词汇量增加，而动词要去揣摩哪种更合适。比如用筷子夹菜和拨菜，这两种词是不是能把一个人的性格写出来。词汇用对了，用准确了，动作跃然纸上，传递给观众的感觉很美妙。你写的动人的地方，就是这样一词一句推敲出来的。你说谁写得多好，差别在哪？有很多，但其中有一项一定有动词的运用和形容词用得形象、生动。

这点贾平凹在他的作品中运用得出神入化，有很高的造诣。比如他写的收入大学语文课本的《月迹》，其中的动词运用，可以细细揣摩，好好学习。希望你的语文基础知识像你的想象力、理解力一样熠熠生辉、闪闪发亮。因为你现在只不过是小荷叶，未来有更多的机会告诉别人你是怎么做的。你的思想、你的想象力，你的爱、你的关怀、你对别人的付出与牺牲，都可以告诉别人。

有作品说过，这个世界哪怕只是一根头发丝的好处，你做了，那将功德无量；这个世界如果只有蚂蚁脚那么大的坏事，你做了，也是犯错。这就是人们为什么要多做好事，而不去做坏事。人要有底线和原则，不能作恶。

你现在需要掌握字、词、句、段、篇，老师负责引导你的想象力、思维和创造力，你的品德的塑造，你的是非判断的标准，要逐步形成。

鲁迅是我们国家到现在为止，现代文学独一无二的巨人，他坐在上面，别人不配坐在旁边；他坐在中间，别人不配坐在两边，这是全社会对他的文学价值的共识。他是伟大的文学家，他的文学是一片大海，什么都有，有他的爱，有他的生命，有他的青春，有他的爱恨，有他的彷徨、呐喊，还有他遭遇的不公，以及他的失败、失落、流泪、流血，他经历的是那样的一个时代背景，很可惜没能看到新中国的成立。

鲁迅生于 1881 年，他们家道中落，依靠去当铺典当为生。他小时候很悲苦，生活艰难。人生三穷三富不到老，有钱的时候要学会积攒，留着没钱的时候花，才能平稳度过荒年。跨度大和高的人生必然会遇到很多风雨，鲁迅经历得很多。有人到现在还在质疑和非议他。你我作为普通人，也害怕招致非议。没办法，我们不够强大，不够蔑视一切。但是鲁迅，尽管骂他的大有人在，而骂过他后又研究他、学习他。

我们要学习鲁迅让自己更强大，用实力说话。区别只不过是早一点表达自己和晚一点表达自己。对别人的诽谤和不理解，一笑置之。我为什么要向你证明呢？一棵树向一堆落叶证明自己强大吗？一朵鲜花向一根枯枝证明自己有多好看吗？小草不知道大树有多高，枯枝不知道鲜花有多美。

但小草和枯枝也有立身之本和存在的意义。

鲁迅对于生活的观察和把握，对时事的洞察，直接是手术刀型的写作，是无与伦比的。他本身就是学过医的，觉得学医救不了中国人，治不了中国人的病，改不了中国人的命。所以他要写作，弃医从文，他爱同胞众生，爱得如高山大海一样深沉。我们很难了解一个伟人端坐在那里，想的是什么。我们要学习和进取，才能够学到更多的知识，能够了解伟人的苦，体会伟人的难，疼伟人的疼，痛伟人的痛。再来提高自己，奋勇向前。

鲁迅是一名斗士，一名至高无上的斗士，充满斗志，他的每根头发都是战斗者，他的每一滴血液、每一次书写都在战斗。他对不公平进行挑战，他对不平之事进行抨击和鞭笞。

中国人在他的鞭策之下，有的人醒了，有的人还沉睡着。

我希望你能好好了解鲁迅，也很感谢成长课堂给我这个机会感谢鲁迅。

他在人们心目中的地位非常崇高，一到专业作家课，几乎没有不提到他的写作和生平的。提不了他，或者不提他，是还没机缘发现他的精神和主旨。鲁迅心中有人民，有民族，伟大到可以装下每一个人的苦痛。他故事中的人物之痛，祥林嫂、闰土，甚至还有两脚圆规似的“豆腐西施”杨二嫂，以及充满愤懑与苦难的狂人。他亲眼看到了国民党反动派用枪扫射，学生倒在了血泊之中。我们有什么错，学生只是爱自己的国家和民族。他为学生、同事、同志写文章呼吁、祭奠，告诉他们反动派的嘴脸，告诉大众如何战斗。用他的笔画出了枪、刀、剑，他的文章对民族的警醒，作用如同今天的导弹、深水炸弹……我们应该更加清醒地认识到他文学的价值，对于我们民族来说，从现在开始，近一百年之内，都应该好好运用他，走近他、了解他、学习他，深刻地去研究他的痛在哪儿，而不仅是说他的文词有多好，修辞有多优美，情节有多精彩。我一直教你们去揣摩作者的内心，鲁迅的内心可能不是你们小学生所能揣测的，未来你上了中学、大学，读了硕士研究生、博士研究生，当了教授，好多人都在研究鲁迅，从各个角度入手，谁又能了解寂寞寒夜中，两棵枣树的窗前、窗内那个鲁迅的心，眼睛里流出的是泪还是血？

我们应该了解作者对民族深刻的同情，对于外敌的侮辱和欺负，我们那种深刻的、无比的愤恨。他恨不能化身一片火海，把世上不平、不公烧得干干净净。他也希望像手术刀一样把每个人身上和心底里的毒瘤、疥疮、病痛，所带来灵魂的畸形剔除。他的文章想剜割掉每个人灵魂深处的麻木和愚昧。

一个民族的人数多了，就会有很多层次和维度。有人代表着光明，有人生活在黑暗里。有的人终其一生都不能用他的灵魂去感受光的存在。

而鲁迅就是天上的太阳。

要讲鲁迅，我心潮澎湃，我知道他心里有多痛，临走的时候有多么不甘。他的身体，他的心智，活在那个荆棘丛生的时代。

西双版纳的蝴蝶很显眼，北方的飞蛾灰突突的，很少见到色彩鲜艳的，非要跟环境相映衬、和谐。鲁迅满身既有尖刺，也有鲜花怒放。满身的芬芳，又是满身的荆棘。他的双脚走在路上，被石块磨得鲜血淋漓。鲜血流过的地方，鲜花遍地盛开。蝼蛄怎么知道雄鹰之可贵，蝼蛄怎么能体会凤凰涅槃之痛苦？每个人了解的鲁迅，只不过是自己获得知识的千万分之几。我们要永远铭记鲁迅，这位热爱民族的赤子。一千年以后的课本里，还应该有鲁迅的一席之地。

虫子们整天生活在黑暗里，就觉得打从祖先那儿起，包括它们自己有生以来习惯了的黑暗最好。世界的光明高高悬于黑暗之上，没有五官和感知的腔肠生物们不知道光明的可贵，所以才会随意抨击太阳太热、太阳太烫，太阳不适合黑暗，太阳不适合潮湿，太阳不适合它们想要的肮脏和卑鄙。

鲁迅是高高在上的太阳，这点没法改变。他是我们民族的文学宗师，这也没法改变。现在有很多大学在研究他，还有许多组织也在做同样的事，但我觉得还远远不够。研究鲁迅不一定要从高高在上的学术角度，还有其他角度，完全可以更加广泛地从人性、人心、人情的角度，把他的作品，分解成为我们每个人血液的组成部分。

在当今的社会背景之下，我们应该有更多的“鲁迅”，更多比鲁迅还要鲁迅的坚强的民族斗士站出来，为国家和民族而奉献，为世界和平而奋斗。

千里之行，始于足下。学习是一点一滴的积累，你的学习不仅是为了你，还为我们的国家和中华民族，希望有更多像鲁迅那样的民族脊梁，在走来的道路上！

第二十八课　众生爱戴——郑板桥

师：郑板桥是“扬州八怪”之一，书画艺术家，诗、书、画被称为“三绝”。他是江苏兴化人，兴化是当时扬州下辖的一个县。除了诗、书、画，刻印和他创作的《板桥道情》也很出名。他在范县做官五年、在潍县做官七年。你认为像他这样的人，是正常退休，还是被迫辞官回家？

生：他应该是自己回家的，他开仓放粮，救活了很多人，也得罪了很多人。

师：你听说过“木秀于林，风必摧之”吗？一旦一棵树长得太高太直太好看，就容易被大风吹折。他做官太优秀会招致别人的嫉妒。他太能干、清廉，专门有这种小人，自己不做，也不希望别人做得好。官场、商场、社会，这样的人无处不在。不希望别人比自己做得更好，不然会很累。班级上课是不是也有这样的情况？

生：有的人自己不听，就打扰别人听不了，也打扰老师讲课。

师：昊然，我要告诉你一个原则：做事情可以做错，但做人不能错。能力有问题可以弥补，做人有问题，那就是品德层面的问题了。刻意影响别人想必自己的成绩也不太理想。长大后就成为郑板桥周围的那些人，打击优秀者，诽谤他、跟他作对。人家做得好不好，他都要嫉妒、伤害。打击别人的自信心和积极性，世上这样的人不少，你千万不要成为他们那样的人。这些人是别人人生的绊脚石，充满负能量。

郑板桥的第二个特长就是以万物为友，万物在他的心中是平等的。他主要画竹子、兰花和石头，还画其他花卉及动物。

喜气写竹，怒气写兰。为什么要这样说？胸中怒气要借着兰花的叶子抒发出去。晴光普照时画竹子，那么舒朗。我又在强调“以万物为友”，前面有多少人都是以万物为朋友的？泰戈尔、托尔斯泰，万物在他们的笔下像人类、像神灵。

王阳明说，知道了就去做，在做的过程中发现新的知识。在“知”中“行”，在“行”中“知”，一环一环地上升，知识链接在一起，相互连成一片。一个知识就是一个点，连在一起就是线，再把线连成面，你的知识面就形成了。知识的积累就是由点到线，由线到面，再由面到无限。

我去杭州，带了两个人的书，一个是苏东坡，一个就是郑板桥。两人都喜欢画竹、吃肉，两人也都很有骨气。郑板桥和苏东坡的人生经历很相似。当然，郑板桥的成就比不上苏东坡。

郑板桥时为扬州兴化人，他的课程，几十节课都讲不完。迫于生计，三十岁的郑板桥中断科举之路到扬州以卖画为生，一下就耽搁了十年，几乎改变了他的人生。

他天资好，做什么都很轻松，根本不需要怎么努力，一做就会，一学就精。作词、画画、篆刻，当然也不是一下子就做到，也要学习、临摹、观察、揣摩、刻苦训练，还要去打开眼界。实际上他的天分帮了他很大的忙。

我问你，一个县令，当对百姓好的官好，还是当对有钱人好的官好？

生：对所有好人都好的官好。

师：这太精彩了！你把这句话回答出来，我们今天就可以下课了。我故意给了你一个二选一，实际上应该是都好。没钱、有钱，只要是好人，就应该被好好对待，穷和富不该被区别对待。或许郑板桥十来岁的时候，也不能回答我。你今天的见识不凡，你的慧根很深，你想得多，也想得全面。老师眼看着你在快速地成长。

我们要改变对人的看法，穷人是人，富人也是人。富人的钱不是大风刮来的，正经谋财的富人要承担更多的责任与风险、求索与折磨。要尊重企业家，他们带领人们去拼搏、开拓，要养活职工，给予福利，给国家交税。郑板桥最后明白了，对穷人好，对安分守己的富人也要好。穷人和富人都是人。当然，在那种情况下，郑板桥被夹在了中间。穷人说他对富人好，富人说他对穷人好，他是两头不讨好。

学习郑板桥舍得下功夫死读书、读死书。他曾经在镇江焦山的别峰庵读书，在寺庙寄居，没人打扰。他考了两次才中进士，一中举就有人资助他。

希望你将来有所发展，无论在哪个职位和岗位上，都应该尽力尽责，感到充实快乐，想着为人民和社会多作贡献。你想走在队伍前面，大家凭什么跟着你走？你要有过人的能力，还要有超人的爱心、诚信等。

刚才是讲万卷书，现在说行万里路，去游历，去结交朋友，去推介自己，要去拜访名人、学者，学习新的知识。他为一位王爷编纂诗集、丛书，书还没印刷呢，等到了实差，去范县当县令，兼管朝城县。那个地方跟河南交界，民风淳朴。五年以后，到了“东莱首邑”潍县当县令。小地方事情少，大地方有钱人多，事情也多，他在这个地方官做得很不容易。当官十二载，碰壁十二年。最终因为民请赈忤触上级被革职。

他两袖清风，坏人还造谣，说他“财产遍鲁东”。他上任的钱都用在潍县了，临走的时候还欠了不少银两。而别人欠他的却被他全部勾销，让小厮一把火烧掉借条。回到扬州以后，他在诗中写道，连煮粥的米都没有了。

他是个好人，好到人们要通过赞颂他的人格去赞颂他的作品。因为你这个人好，你的作品我们就喜欢。比如蔡京，他在宋代的时候，书法水平非常高超，但是后世还是没人喜欢。你试想一下，奸臣的字挂在墙上，谁会愿意？你这辈子，能努力多少是多少，但凡有些余力，要回报社会。希望你能在进行自我保护，不受损害的情况下，对自己进行人格塑造和人品修正。不要让别人伤害你。第一保护的就是自己，第二保护的是家人和朋友，第三保护的是所有人，对坏人不要仁慈、不要姑息。甚至在需要的时候，你要积极地站出来保卫国家。这点，你我一辈子都要牢记，随时为民族和国家利益牺牲自己。

曾经有太多人为我们撑起了天空，也撑过了黑暗，抵挡了这个世界的洪流。

你的爸爸是一座沉默的高山，你的妈妈是一条跳跃的小溪，又像是宽广的河面。

郑板桥很怀念乳母，是费氏成就了他。没钱过日子，费妈妈对他家始终不离不弃。他后来写了两句诗怀念乳母：食禄千万盅，不及饼在手。现在能买得起很多好吃的，还是怀念三岁时候乳母给他买的饼。

郑板桥不是一个完美的人，也不是那么成功的人，但他的好多得想象不到。他善良、正直、直率，对万物和百姓的爱，超过了爱他自己。他是个忘我的人，是实际意义上、根本意义上的好人。所有的缺点都成为他夜空中的宝石。就是因为有那么多缺点，才成就了这个五百年来难有的郑板桥。五百年以后，一定还会有人在传颂他的文章，看他的画。他也熟谙通过文章传递人品、做官的准则，激励着一代又一代人。

你要跟好人学习，坏人可能不是绝对的坏人，你可以离远一点，有距离地去观察，辩证地去看他们。这个世界没有一定的标准，人心和世事也是如此。比如这十年你觉得花好看，那十年你觉得草有用，究竟是留着花好，还是草更有价值？随着世界的变化，人们的判断标准也会跟着变化。我们的哲学家、思想家，也一直秉持着，那些看似没有用的，也未必不是好的。

郑板桥已经离开了这个世界，我去兴化数次，去潍坊采访，去他的坟前祭拜，去艺术馆参观，学习他、走近他。这是个深爱万物的好人，也是爱人民的好官。他是个有缺点的，但是非常真实的、有血有肉的、杰出的人。

第二十九课　情深不寿——老舍

老舍是满族人，是小说家。但因为贫寒，九岁还没识字，有位亲戚帮助了他。他是因为什么结束生命的？有很多原因，事业受到了重创，跟家人相处走到了冰点，想要的生活也没能如愿，个人境遇和时代大环境都令他绝望。

他身上的哪些优点值得我们学习？中国近现代文学六大家“鲁、郭、茅、巴、老、曹”，老舍不仅是作家，还是文学家，绝大多数文学体裁都能驾驭。他是新旧两种文学表现形式之间的桥梁之一。路有多少，桥有多少？老舍很勤奋，我们要学习，他的天才和天分毋庸置疑。

资助老舍的善人中月大师，在西直门有半条街产业。老舍考上了师范公学，不要学费。

中月大师的无意善举，居然为中国培养了一位文学大师，这很了不起。你做好事，人命关天你要帮助，然后就是吃饭、生存，再然后就是治病救人，最后对这个社会产生的价值最大的，是做教育。我资助过一位师范学校女生，她是当时全市仅有的两位考上编制的老师之一。她给我打电话，说阿姨我考上了事业编制，我要怎么感谢你。我说，希望你把我忘掉，你能像我对你一样对别人，我就很知足了。我帮助你的时候，就没有想过要你感谢我。

你帮助过别人就不要想着回报，你能把善意传递下去，这个世界的善和爱才生生不息。如果我培养她，希望她再回来报答我，你觉得哪个更好？回报我，爱的意义就没有延展性。我帮助她，她帮助别人，就可以一直延续下去。这个道理，你能明白吗？

老舍曾经生活在社会底层，对北京的风俗文化很了解，是一位有着鲜明地域特征的作家。老舍也充分运用了地方方言写作，人物活灵活现，在这方面来说，老舍是有创新性的。

老舍很重感情。作为作家来说，受到读者和社会的承认很重要。对于文学本身来说，得奖不算坏事。跟老舍同年出生的两位外国作家都获得了诺贝尔文学奖，一位是日本的川端康成，另一位是美国的海明威。获奖的作品自然重要，没有获奖的作品也并不是不重要。老舍的《月牙儿》《骆驼祥子》《茶馆》等都写得很好。

《骆驼祥子》很多地方我不记得了，我记得电影《骆驼祥子》里斯琴高娃演的虎妞，北京大妞的架势。你尽量把你读过的书复述出来，对你有很大的帮助。只要你把这个功夫练好了，将来在别人说话的时候，你也会记住；在别人给你下达任务和请求任务的时候，你都能够抓住重点，不会遗漏细节。

生：班上要是有人想跟我辩论，他肯定辩论不过我。您让我学习复述之后，我就开始了，每句话都记得。

师：你能记住对方的每句话和说的每个细节，迅速驳斥和反击，找到驳斥的理由、问题重点和方式。如果我们文章写得好，但嘴上不会说，总是会有很大的缺憾。如果你写得好，将来又能说得好，人生一定是赢在大脑和嘴巴上。文字和语言共同服务和塑造大脑，让你的语言更加敏锐，思维更加快捷，更加无懈可击。你可能会成为一个非常优秀的演讲者。而作为领导者，必须具有非常优秀的演讲才能。

学习写作和口才要从心灵出发，从口头语言、思维和思考出发，口才怎样提升？笨办法就是先阅读，然后复述，思维会越来越快。你已经在不知不觉中成长得很好，成长一定要舍得用笨办法，下笨功夫，才能走得更远。老舍教学教得好，写作写得好。

利用这个课堂和契机，重温优秀的人优秀的地方，学习他们身上的优点，规避他们的缺点。

我发现一个问题，优秀的人不一定很成功。

不能以偏概全地去评价一个历史人物，他们当时一定有不得已的难处，如果把你我放在同样的情境当中，不一定做得比别人好。我们要吸取别人的教训，借鉴别人的经验，肯定别人的优点。

老舍生活在变革的时代，那么穷苦的日子都过来了。他难过的是什么，心里的那道关。用情太深、太真，就会导致对现实绝望。他用一首并不激昂、并不完整的歌曲，留给了人们太多的遗憾。

反观他的创作令我惊讶，竟然有八百多万字，而且他还要改稿子，还要给别人工作。这个人活着就是为了创作，把他的天赋与才华变现。所以你也要争分夺秒，学习、成长。

你现在还想跟他说什么话？

生：希望他去天堂的时候是幸福的。

师：我替老舍谢谢你。苦也好，乐也好，都结束了。疼也好，怨也好，爱过，拥有过，就不后悔。每个人自我决定了离开的时候，都应该是快乐的，因为他选择的方向更趋向于快乐，或者是彻底的解脱，是对痛苦的终结。

第三十课　天才心灵——徐志摩

天才的陨落

师：徐志摩的生命虽然短暂，但很丰富，他的经历有没有打动你的地方呢？

生：他是新月派诗人，泰戈尔著有《新月集》，他把他的诗社取名“新月”，可见他对泰戈尔的喜爱。在他的诗里面，有很多泰戈尔作品的影子，但是他已经发扬了，甚至写得比泰戈尔还好。

师：徐志摩坠机的地方，我正好去过，在山东济南的开山。那座山从北边可以一步步爬上去，南边是像刀削过的直立的悬崖。当时我并不知道是徐志摩的坠机处。爬上那个山朝悬崖下看时我就担心，如果有飞机飞到这里，会不会撞上来？

第二天，山东的作家同学说，这就是徐志摩乘坐的那架邮政飞机撞山的地方。我愕然，久久凝神，好像当时的一切又回到了记忆里。暮春的午后，四五十个同学坐车从市区绕过去，去山的南边祭拜他。他坠机的地方，现在已经是一座美术学院——山东工艺美术学院。他的墓地在山坡上。我们朗诵了他的名篇《再别康桥》，每个人都摘了野花祭拜他。可惜他太年轻了，只有三十四岁。

经济条件允许了，才能追求文学、艺术、哲学、美学、个性自由。当经济不能提供温饱或者财富自由，要为吃喝奔忙，很难专注于艺术。徐志摩也是个十足的天才，过去讲过的，有哪个不是天才，又有哪个是单靠努力成长起来的？当然，天才也不是什么了不得的事，几乎每个孩子生下来都会具备这样或那样的天分（天才），文学和艺术天才只不过是其中一两种而已。

每颗种子都是天才

每个孩子降生之初都是天才，每个人出生的时候都带着自身的基因特性，是珍珠、玛瑙、翡翠，有的老师会在成长上“精雕细琢”、引导心灵，总结人生经验和教训。比如徐志摩的某篇作品，导读者既要介绍他当时的心情、环境、历史背景，还要教为什么写这首诗，通过作者的知识探寻他的人生经历，以及作者本身的创作功底。

珍珠、玛瑙、宝石一样的孩子，带着天分来到人世，需要花费多大的动力和勇气保存自己的天分？有的成年人对孩子们进行打磨、切割、压制，让艺术品变成了产品，甚至是废品。有多少人把孩子当独立的艺术品看待？“千里马常有，而伯乐不常有”，说的大概就是这样的窘境。

我在成长过程中也遇到了一些问题，所幸通过自我的努力、自我的觉醒和机遇让我成长起来。如果不是个人的努力，周围的人又怎么能知道你是个什么样的人？恐怕很难。更可怕的是，曾有很长一段时间，我不想当作家。为什么？因为看了鲁迅关于作家和艺术的那段著名的话。

所以，我想先学门手艺养活自己，再来谈艺术的事。于是就有了追随名师学习国画，接着就去了北京学习服装设计的经历。

在咱们讲过的这些人当中，有没有被别人发现，然后自我成长的？有，人民的艺术家老舍，是被宗月大师发现的。你能碰见一个伯乐，就能造就不一样的人生。老舍当年连饭都没得吃，如果不是宗月大师发现了他的潜质，寡居的母亲可能无力供他读书。这个世界对天才的发现，很多时候来自身边最近的那个人，或者说来自能够接触、有能力发现他天分的那个人。

徐志摩有好的家境，有好的学校，有好的老师。他的功课一直很优秀。徐志摩因为丰富的教育背景，能把中西方文化融合在一起，吸收两方的写作手法与技巧，文学造诣很高。徐志摩本身的性格，想要做一个不被改造的，拥有个性和自由的人。徐志摩真的就像一首歌，存在过人世。他像一块美玉，甚至是钻石，不畏世俗，追求理想，按照自己想要的方式去生活。

天才的时代

通过徐志摩，要知道研究人物，不要忘记时代对他们的影响。每个人都不是单独存在的，是有联系的。时代就是这么神奇，你觉不觉得时代本身也是土壤，培育出时代的果实。生活在太平时代，希望你能认真地学习，把每天的时间都利用好。你最后学成什么样，完全取决于你自己。你要让你的心灵闪闪发光，去勇敢地追求自己想要的生活。你要记住这一点，你活着的每一天，都应该当自己是独一无二的艺术品。你要自由地想象，渴望获得知识，和知识接近。

通过文字去改变别人，去传播正确的价值观。文字是书写的工具，掌握了以后，就可以为歌、为赋。当你把文字变成自由的，变为赋予喜怒哀乐的工具，你就知道文字就是你贴心的小棉袄。一个人无论做什么，拥有表达的能力，会使事情变得容易，人生变得多彩。口头的和字面的能力，都要拥有。所以，要把作文学好，还要提升你的口语水准。

作为中国的孩子，读什么书，都避不开徐志摩的作品，他的诗作里充满想象，每一句都像一幅画，每一句都有想象空间，遣词造句是那么美。天才诗人是美的化身，虽然是爱的失败者，生活的“悖逆者”。他突然去世后，父亲特别后悔，找人给他建造墓地，写墓志铭。徐志摩虽然走了，但也许他就在你我身边，我们该如何跟他的思想对话？方法之一便是读他的作品。

通过追忆徐志摩的生平，我想告诉你，你读每个人的书，都是跟作者的灵魂在对话。你要想着作品的背后站着作者。读故事很好玩，一万个人只读故事，不去了解，或者没有意识到作品背后的作者，总归是个很大的损失。要学会和作者对话，揣摩作者。就像老舍写的《月牙儿》，这难道仅仅是个故事吗？其实是作者的用心和用情。只有把自己当作者，才能够和作品产生共鸣。

读书和写书

世上读书的人比写书的人多，该如何成为写书的人？读书就是读者，能写书就是作者。创造和联想，给予和引领，你的人生会有质的改变。你成为内容的创造者，而不仅是接收者。你要把自己划到作者的行列，而不光是读者的行列。

好的老师善于开掘学生的心智，开阔学生的眼界，一点一点地引导，帮助学生提升学习能力，养成学习习惯。学任何知识，通过学内容掌握方法，养成习惯，培养能力。

我对知识保持旺盛的兴趣，希望学到更多。你是我的学生，你这辈子要把学习当作呼吸，学习让生命更圆满。徐志摩当年有那么好的天分，更离不开极佳的培养。

天才的敬挽

师：徐志摩去欧洲留学，需要乘船，经过一段非常漫长的海上旅程。漂洋过海去留学，去追寻梦想和理想。

生：他是怎么坚持下来的？

师：我猜他之所以能坚持下来，一定是源于喜欢。如果不喜欢，肯定做不下来。你以后选择职业要选你喜欢做的事情。比如教孩子们的成长，也是我喜欢的。看到你们的改变，我就像捡到了宝贝。

还有就是要学习徐志摩勇敢地去国外闯荡，培养国际视野。你不仅是中国的孩子，还是世界的一分子。你的眼睛和心胸要装得下整个世界。你要去了解这个世界上（这颗星球）的民族、宗教、国家、历史、河流、山脉、城市、经济……这个世界才是你的。你不了解她，怎样守护好自己的国家？你不了解，人家凭什么理你？你可能了解各大洲有多少物种，你会知道这个世界原来是这样的。我们只有走近她、接近她，世界才是我们熟悉的。

第三十一课　现代“神农”——袁隆平

他是一座山脉

他的资料很多，离我们很近，曾经一起生活在每一天的日出日落里。能和这样的高才大德同处，是你我的幸运。我们能从他身上学到什么？袁隆平是扬州的外孙，还算跟我们有些联系。你想不想成为他那样的人？当市长、当警长……倘若能力允许，都该尽量做好。他不是一座山，他的生平是一条山脉。通过对袁爷爷的学习，对我们成长是有极大帮助的。

首先，袁隆平小时候生活在多灾多难的时代，六岁时候出外郊游，立志做一位农业工作者。动荡的生活，导致他不断地迁移，曾在汉口、重庆、南京等地上学。

家人其实不支持他学习农业，但他能坚持自己的理想。

袁隆平爷爷上的三所学校都相当了得，在重庆的时候，每科成绩都很好。袁爷爷是张扬的人吗？是会搭建人际关系的人吗？他创业初期很难，刚开始被分配在一所学校任农科教师。一个偶然的机会，走上了科研的道路，在那里一待就是十八年。就是在那十八年里，他发现了一棵“天然雄性不育株”，经人工授粉，结出了第一代雄性不育株种子。

他曾经受困难

如果不是因为一些问题，他今天的成就未必有这么辉煌。他做实验的时候，秧苗被拔掉扔在一口水井里，后来到井里把秧苗捞上来，只有五棵是完整的，原本可以小规模育种，但实验又得从这五棵种苗开始。

人生怎能容易？如果你未来在某一天遭受了失败，不妨想想袁爷爷的经历。

想要做成大事情，你要跨越的不仅是你自己，困难是上天给你准备好的磨刀石，是历练你的火焰山，是等着你去跨越的刀山火海。

成大事者，必有大灾难、大折磨、大历练、大淬炼。昨天我听到袁爷爷的秧苗被拔掉的时候，心里非常难过。我相信作为一名科研人员，遭受那样的打击，真的是心如死灰。可是他仍然让研究一步步进行下去，才有了后来举世瞩目的成就。

他是世界之子

袁隆平爷爷有两个梦，第一个禾下乘凉梦，希望水稻有两米高，稻穗有扫帚那么长，米粒有花生那么大。还有一个梦，希望杂交水稻覆盖全世界。

看见了吗？他的心里装着的是全世界的人民，他是地球之子、人类之子。去世的时候，世界各地有那么多人发来电文怀念他。他帮助了那么多国家和地区，马来西亚、菲律宾、越南、柬埔寨、泰国等，还有埃及的开罗。他带领团队在沙漠里种出了水稻，在沿海地区种植海水稻，居然亩产 500 多公斤。

袁隆平不是一个人，是“袁隆平们”，国家粮食的安全和发展，有大量的科研人员在奋斗、在研究，包括玉米、花生、大豆、菜籽、芝麻、西瓜……这些都有科研人员的改良功劳。现在老百姓自己不留种子，种子本身就是一项产业。你不觉得这很不正常，却被视为正常了吗？

有人在困难面前倒下了，有人在困难面前灰飞烟灭了，你将来要学会面对困难的磨炼。

袁隆平还会用英文写作，能用英语发言。袁隆平无私奉献，性格温和，待人诚恳。他特别朴素，那么大牌的科学家，穿得很简单，鞋子也很便宜。他这辈子获得了很多勋章、奖章、奖励，还是那么质朴、谦逊。

人在做什么的时候，不要先想着得到什么，只管努力，该来的自然会来。

他的光芒照耀

师：他去了那个世界，他爱着所有人。在你未来的生活里，如果有人辜负了你，请你用平常心对待他。太阳照耀着我们，我们有几个人真正爱它？大自然承载着我们，爱着我们，我们不也照样抱怨和埋怨：这个鬼天气。还不是开口就抱怨吗？所以，不要苛求别人的态度，要看自己的内心，遵从自己的内心，要求别人感谢，会很痛苦。做公益和资助他人，做了也就做了，不要求什么肯定和回报。而要感谢别人给我们机会去做点什么。

如果你想要奉献和付出，不但要不求回报，还应该对接受你帮助的人心怀感恩。

如果不是因为袁隆平的杂交水稻，养不活这么多人。

你将来如果能为这个国家承担起重任，要热爱国家和人民，要爱环境和万物。我们能从袁爷爷身上学到的，在自己的专业里，能走得远一点就走得远一点，不要错失机会和害怕发展停滞。要在自己的领域里默默耕耘，静待花开。

岁月带走了袁爷爷，但他的丰功伟绩长存。成小事靠努力，成大事除了个人努力等因素外，有时也要靠对手的监督和打击。

生：我们班上有人跟我“作对”，还真的让我改掉了坏毛病。他天天都说，把我的耳朵都要说得起茧子了，我就只好改掉，生活方面的、交往方面的都有。

师：很好。面对叨扰，要不停地让自己学习更好，让自己更强，直到让他们看不见你的背影为止。再来说回袁隆平，他所遭受的和我们普通人遭受的困难本质并无不同。人这辈子，三穷三富不到老。人在世间要碰到很多很多挫折、苦难、磨难，希望你善待家人、朋友。等到有困难的时候，才能有人帮你。在别人有困难的时候，你也要施以援手。凭什么你不种福田，就等着收割？我们要成为爱和善的播种者。

他是半个扬州人

师：袁隆平这辈子有太多的光芒照耀着我们，但他有更多的辛苦、磨难，没有让大家知道。知道他的荣耀就够了，为什么还要探究他的艰难和求索？是因为需要学着去接受光辉背后的黑暗、彩虹之前的风雨。

莲花不在淤泥里生长，怎么开得出如此美丽的花？

把他们的经历当作我们成长需要的精神营养，面对任何困难，都要坚持心中的信念，要保持对理想的热爱，能走多远走多远，能力越大，应该奉献越多。

如果你能碰到袁隆平爷爷到你们小学去演讲，你想对他说什么？

生：面对这么多磨难，还能坚持进行研究实验，得出成果，值得我们学习。

师：我想对他说，你给人类带来了温饱丰足，却独自承受了苦难，你离开了我们，我们应该分担更多，让自己更加平和、努力、积极上进。我们要用更多的美德来回报这位老人。

第三十二课　扬州之子——朱自清

邵伯之子

朱自清是扬州人，是我们的同乡。朱自清的父亲在邵伯镇做了个小官，他小时候在邵伯镇生活了几年。骑在铁牛的背上抓住它的牛耳朵，叫“执牛耳”。那尊镇水的铁牛驮出了朱自清，算是巧合吗？在专业领域做到顶尖的人，往往会被这么称谓。还有民间的孩子为了好养，又没钱四时八节随礼走动，干脆认不用请客、不用送礼的铁牛做干妈。

朱自清身上有太多优点，他写了很多作品，他的散文写得很好，诗也写得很好。他写了《扬州的夏日》，宁静、祥和，充满水乡之味。扬州文旅局推出的夏季旅游的主题，就是“扬州的夏日”。

我觉得扬州的四季都好看。

他十八岁从扬州中学考入北京大学预科。《背影》写于南京江北的浦口老火车站，那座车站因为这篇文章留了下来，到现在还在。就是月台修过了，很多民国时期的电影都去那拍。我写朱自清的时候，采访了时任朱自清纪念馆馆长韩丰先生，他去过朱自清写的文章中的很多地方。《梅雨潭的绿》中的梅雨潭，韩先生在那坐了很久。朱自清是散文大家，有用之不竭的才华，很可惜人生及半就去世了，他是邵伯镇孕育出来的天才的种子。

北京之子

中学毕业后，他去了燕京大学（北京大学前身）上学，留学回国后在清华大学任教，拒绝领取美国援助的面粉，是有气节的中国人。他那爱国的精神、民族的气节，值得后世学习和崇敬。

朱自清始终在写作，曾在中学做教师，校歌的歌词是他写的。他曾写过四首校歌，有的到现在还在用。朱自清的古文功底非常好，后来清华大学国文的教学二十几门课程的教案，都是他编写的，有些直到现在还在使用。二十七岁就已经被任为教授，曾因为年轻，受到质疑。

朱自清到了清华大学教学，也和师生一起带头抵制了当时反动政府的打压和摧残。他们上街游行，国难当头挺身而出，在报纸上写文章，抨击当权派的作为和反对外敌入侵。内忧外患之下，五十岁的朱自清与世长辞，他写的文章，他对教育的贡献，却是一座高峰。

专注力，在朱自清身上显示得很彻底。他如果不专注写作和教育，哪里能在这么短的时间内写出这么多著作？他是百分之一千的勤奋，你我都应该向他学习，学习他十分难得的勤奋和自律。

他们在扬州的房屋成了朱自清故居，对外开放。他年少时，要给住在天宁寺养病的爷爷送饭。到清华工作，每个月给父亲汇款养家。父亲的财产被军阀洗劫，导致生活困顿，对他的教育很严格。

我在朱自清故居看到，他的日记用三国文字书写，中文、英文、日文，笔迹就像印刷品，非常儒雅、清秀，那样繁忙的生活和工作，日记还能这般讲究。

他是一位非常了不起的大文豪、大散文家、大教育家，如果能再有二十年的生命，他将为中国的教育和文化奉献更多成就，可惜天妒英才。

朱自清离我们远去了，我们要学习他对万物的爱，对世界的爱。走到哪里写到哪里，写了清华大学里的《荷塘月色》，成了世界名篇。文学的力量是永恒的，朱自清可以活在人们的记忆里，只要有他的文字飞扬的地方，他就会活着。无论是海口、乌鲁木齐，还是漠河、上海、南京、北京、广州……只要同学们读起他的《背影》，读起他的《荷塘月色》，读起他的《春》，读起他的《扬州的夏日》，读起他的《绿》……他就还活着。

他是从邵伯镇走出来的，还写了很多文章。一个好的人才，需要具备哪些品德和操守？

扬州之子

品学兼优、性格好，人品也好。有大爱，有能力，有做事的态度，精益求精就是态度，还要有良好的习惯。昊然，我告诉你一个秘密，尽量让自己拥有更多能力。比如你会说话，这是内容，你会经常思考，这是习惯，如果你把说话和思考当成能力，善于言辞，善于和人交流，善于展现自己，这就成了能力。你既会说话，又会思考，在任何时候都能抓住要点。

在朱自清身上，还要学习他大爱的品格。真正能走到众生之前的人，基本是有大智慧、大爱的。朱自清一路走来，写了很多文章，还写了反映历史的、缅怀亲人的。他很爱扬州，他说过他是扬州人。他更是江都邵伯人，他是在那里度过的童年。希望把朱自清的人生经历送给你，成为你一生的精神食粮。你要像他那样爱万物。你热爱万物的时候，精益求精做学问的时候，想一想婆婆（外婆）家镇上的朱自清。

孕育出大文学家、大文豪的地方是文学圣地。孕育出名篇佳作的广陵，也就是扬州，是仙人们的居所。很多山水道路，没人去写它们，甚至连名字都没有，哪里比得上出过佳作名人的地方？欧阳修、苏轼走到哪儿就写到哪儿，为很多地方留下了著名文章。他们走过的地方，留下了文圣的足迹。

这些学过的大名人、大名流们的过往，能激励到你我的思想和行动，张若虚是你的邻居，朱自清是婆婆家的邻居。想一想他们的美德，他们的能力，他们的品质，你要学习他们的美好，塑造自己的心灵。希望你将来无论做什么，都能为更多人谋幸福。在任何一个岗位，都应该想着用爱去生活，用爱去面对这个世界，你才是无怨无悔的，没有遗憾的。如果能看见朱自清，你想看见他的什么时候？

生：我想看见他正在和我公公（外公）、婆婆交谈。

师：在路上看见一个行色匆匆的人，穿着长衫，戴着徐志摩那样的礼帽和圆框眼镜，拎着一只柳条箱，正往外走。你会喊一声：佩弦先生，你要去哪里？

今天是清明节，我们将永远怀念他。他是来爱这个人世间的，只是他的爱太匆匆。希望你学习他的态度、精神、信仰、品德、操守、勤奋、努力，去走好未来每一天的路！

第三十三课　回归天性——谢安

师：我希望你能够自己知道学习，自主学习。加上家长陪伴你学习，你自我学习的能力要强。不要以为成绩好的学生都是老师教出来的。

人一辈子能遇到一个好老师，你就很幸运了。

我们有位好老师，为邵伯镇立下不朽功勋的老师。他既是皇帝的老师，也是太子的老师，还是百官的老师，甚至是家里儿子女儿、侄儿侄女的老师，他就是东晋名臣——谢安。

邵伯湖是谢安缔造出来的，现在的那棵甘棠树不是当年的了，是后世人们补种的。邵伯镇的那棵树到现在人们还有机会走近好好看。先有了八里长的邵伯堤，才有了邵伯湖。为了怀念他，人们种了一棵树。谢安在邵伯只待了短短四个月，好像是为了完成上天交给他的任务，任务完成之后就戛然而止了。他在邵伯的时候病重，回到南京治病，大坝建造的当年就挡住了秋天的洪水。我在《扬州童话》里写了《邵伯湖畔忆谢安》，就是为了怀念他。

谢安出身世家大族，同时又有道家思想，崇尚淡泊名利。谢安喜欢天真烂漫的、真性情、真自我的孩子，喜欢能够说出心里话，做真正的自己的孩子。他喜欢人们回归天性，不用太藏着掖着。当时，人们被士大夫的礼仪约束得将虚情假意当成习惯，他反而是一股清流，逆流而上。他教育的孩子们如同芝兰玉树，都很真性情、真自我。整个家族都崇尚说真话、办真事。他教育子侄，靠的是言传身教，最著名的才女谢道韫是他的亲侄女。

谢安在教育上崇尚真、善、美，十八岁之前尽可能讲究这三个字。成年以后，先学会保护自己，再学会做事。很多人陷害他，甚至连他的女婿王国宝都背地里使坏，天天和皇帝的弟弟司马道子说谢安这不好、那不好，谢安也不屑申辩。

谢安的朋友在皇帝组织的宴会上唱了首曹植的诗，世上做好皇帝难，世上做好臣子难，难的就是谁能见他的心，谁能见他的性，谁能体会他的苦？其实这位朋友唱的就是谢安。谢安感动得跨过饭桌坐在这个朋友身旁，说你真是仙人降世啊，这个世间只有你懂我。谢安从来都是不苟言笑的，淝水之战胜利了他也没有表现出欣喜若狂的心情。谢安是宰相，是谢太傅，宰相肚里能撑船……居然因为人家唱的这首曲子为他申冤，他就从泣不成声到号啕大哭。

为什么宰相肚里能撑船？上面要承受皇帝给他的指责，下面要顺应百官们的心意。一个官员就是一个火药桶，一个人八个心眼两条肚肠，他要权衡各派势力，还要管民间的事。宰相，是这个天底下最难做的人，也是最难做的官。

谢安当年不抢功，把弟弟、侄儿都送上了前线，却把人事大权交给司马道子。当时的司马道子只有二十岁，他的权力是可以牵制谢安的，十几岁在五十多岁的人之上。

谢安可能不知道自己会跟一个人产生灵魂共振，他就是北宋的宰相王安石。因为谢安字安石，王安石的名字就是安石。王安石并不是南京人，为什么喜欢待在南京？

谢安在江都邵伯建造了一条长堤。王安石在扬州任职（任通判）期间，会不会去邵伯看看邵伯大堤？肯定会。王安石认为自己和他很像，谢安当年遭受的打击和诋毁，王安石也都经受过。谢安的人生几起几落，王安石也经历过。相隔数百年还能产生共鸣，都坐上了宰相的位置。

这是一个历史上很少见的能人、全才、完人。他的文学成就很高，他还是书法家，和王羲之、王凝之是朋友。王羲之的次子王凝之还娶了谢安家的侄女。王家功劳很大，当年曾襄助司马睿当上皇帝，是正宗的世家大族。

谢安一直喜欢穿好看的衣服，住好房子，吃好吃的，歌舞升平。他不当宰相时家里也是歌舞弹唱，焚香听琴，请门客朋友听雅乐。吃饭要看舞蹈，喝酒也要看舞蹈，办公、办事也要听琴弹筝。当时有人就抨击他，快赶上大贪官、大奸臣桓温了，桓温是前任宰相。

这样一个短暂的朝代，却被谢安做出了特色，他成了乱世中的清明宰相，是中华民族历史上不可缺少的存在。他们家歌舞升平，香烟缭绕，车马成群，仆妇成阵。

昊然，不要羡慕他们，你难道不认为我们现在就是“仙人”吗？我们通过网络可以说话，还能足不出户看见对方。我想告诉你，若能借此好好向谢安学习，我们都能变得强大起来。

谢安从不惧怕流言，不在乎别人说什么。淝水之战中，北军的主阵地在镇江，防守的却是扬州这一带。所有人都忌讳举贤不避亲，但他却举荐自己的侄儿，他说自己只是认为侄儿能胜任这个职位，为国家和朝廷选贤，派有能力的人上。

一家人过日子，师生上课也罢，相互之间传递的就是真面目、真想法，做真正的人，不要被一些虚假的形式耽误，弄得乌烟瘴气。自己戴假面具给别人看，别人也会戴虚假的面具给你看，那样的生活太虚伪了。谢安真的是晋朝不可多得的一个才华盖世的人。

谢安为什么能成功，作为现代人，你觉得要具备哪几个特点？

要自己有能力，适应性比较强，有盖世才华，有容人的雅量，不计得失，不偏私，不打击报复，顺应天时、人性。不要太在乎别人的评价，对你有益的就吸收，对你无益的，一概当作轻风吹过。很多人特别在意别人的评价，那样的话会始终生活在痛苦和挣扎里。

谢安当年的作为我们是学不来的，才华不同、时代不同，机遇和挑战也不同。他所面临的困难、打击和打压都不同。当年有国之灾时，他仍然选择迎头而上。大灾难才有大造化、大成就。大灾难也预示着大破坏、大损伤。如今要感谢强大的国家庇佑着我们。有一群有担当、有使命感的人，为我们背负了所有，可以让我们该吃饭吃饭，该上学上学，要珍惜这样的和平。

昊然，无论外在环境如何，你要始终做个好学生。

我很希望我能像很多好老师那样，为国家和民族培养出更多的良才将相。这是我对学生的成长，做出一点微不足道的贡献。首先你自己要成为能自主学习的学生，始终不迷失自我，带着自己的个性和生活去学习。人要有强大的自我，才能不被别人左右。

谢安这样的好官，为百姓办好事，在大地上留下一些印迹。隋朝大运河是隋炀帝杨广留下的印迹，还有万里长城。现在建设技术在发展，建筑材料在更新，能靠建筑留下的痕迹太多了。网络是个非常伟大的时代变化，你我正见证这个变化，它把整个世界都连在了一起。人们的思维方式，包括日常生活方式都发生着深刻的变化。

谢安的时代不再来，每个人都有属于自己的时代，每个人都应该有努力和坚守。在伟大的时代里，我们应该做什么？不妨想想你能做什么？

第三十四课　孤篇诗王——张若虚

师：张若虚和贺知章、张旭、包融并称“吴中四士”。

朱自清跟你婆婆（外婆）家比较近，张若虚应该和你现在的家比较近，是住在夹江边上的江都人。这首《春江花月夜》足够震撼全唐。他是兖州功曹。他有功名，可能是个武举人，文进士。

扬州的潮水是在唐代中期以后消失的，以后再也没有了。主要原因是长江所挟带的泥沙日益淤积，使得广陵潮形成洪涛的条件愈发薄弱，随着时间的推移，潮水渐渐减少，广陵潮也就渐渐地消失了。

写得出好作文，首先一定要自己亲身体验，当然这不是绝对的。张若虚的这首诗就是，他一直生活在江边，陪伴着江上美景，这一切早已刻进骨子里。每个月农历十五的广陵潮，令在远方生活的人怀念它。情感经过长期的积蓄，会在某个瞬间爆发出来。

小学生在日常写作文时，比如写做家务、做菜、做手工、旅行等，没有经历过的人怎么能写得比经历过的人精彩？比如你会调制香精，这个别人怎么能写得过你？

作者写的在外地和家乡两处江边散步时所见，这是世世代代有多少人见过的寻常生活图景？下一步要探讨如何写出经典，别人为什么没有写出《春江花月夜》？

首先，作者观察、思考得会比别人多一些。写景色的秘诀之一，把自己当成风景的一部分，当作万物的一部分去感应、感受。还要有多角度叙事的自觉，比如写月光，你在星星上写月光，角度是不是就产生了变化？

随着角度的推移，月亮照着江面，可不可以把自己当作一条鱼？游在江水当中，月光照在江面，泛起的波纹，洒在了你的身上。张若虚就是用了这个方法，把自己当成任何事物，在《春江花月夜》里，他始终在调整自己的角度和方位，他把自己当成枝头的一片林花，又把自己当成天上的一只孤雁，还把自己当成身居异乡的旅人。看到异乡的春江，想到了扬州的春江，寄托思念家乡的情感。写春天，你会把自己当什么？

生：我会把自己当作小草、燕子，它们看春天的视角，跟人的不同。

师：燕子在空中，小草在地上、在泥土里，鱼在水里。星星在宇宙里看春天到了，到了昊然的家乡扬州了，是不是也不一样？这个秘诀明白了吗？把自己当作这个景物中的任何一个点，不要把自己当作写文章的人。你写起来的时候，就可以像张若虚一样随意变换角度。

教学相长是两份的快乐，我原来也没有完全地、客观地、条理性地来梳理张若虚的写作特点和方法。今天终于有机会，真正了解和探究这首千古名诗。你我都知道怎么做了，写秋天的大树，就把自己当成大树，可不可当成树叶？可不可以当成要在树干内过冬的天牛？可以感谢夏天的绿茵，秋天色彩斑斓的云彩，冬天的庇护。你把自己当大树，是不是感觉就不一样了？你感恩泥土对你的养育，感谢动物给你的陪伴。

维度的多重，角度的多变，就不难写出风采绝伦的好诗。为什么别人的诗不能孤篇盖全唐？以为输在了写作的能力上，实际上是输在了写作的艺术手法上，写作的秘诀上。要让自己腾空而起，飞起来，写风的时候，你就飞起来。写一片落叶，思绪跟随落叶飞舞。写风的时候，你还可以把自己当成雨滴，被风吹送着，像一片海浪一样。这堂课对写作的探索，是所有课堂中最有意义的突破。

再就是好的老师既知道自己怎么写，也知道教别人怎么写。我在看泰戈尔的作品时，会想念他写的书中的事物，鲜花、竹笛、莲花河……就能产生心灵的共鸣。他当年看过的，我仿佛看到了，他当年爱过，相隔近百年，通过文字的描绘依然可爱。他家乡的雨，我仿佛还听得到声音。

通过《春江花月夜》已经解决了写作中的几个问题，单单去写，是很难达到的，要让自己写作的能力和写作的灵性充分地发挥。你赢的是能力。在这首诗上，张若虚的写作能力已经达到化境。

如何让写作达到仙境、神境、圣境，在中国达到这个层次的，张若虚算的，苏轼也算，古今中外加起来也不是很多。

唐代百姓的房子很矮，很多都是茅草盖成的，以低矮的土墙茅屋居多。想象一下：我们在虚拟的观潮街上，你开了家“温家代客书写店”，我开了家“月满楼大饭店”。

张若虚退休以后回到扬州，在观潮街上看到了你的书写店，到我的月满楼大饭店。你在写历史的时候，要把自己沉进岁月里。历史的街道，历史的房屋、语言、服装、生活状态，月亮在天上盈满。

张若虚在家乡时，总喜欢提着长衫，走在街上，看着形形色色的人。后来到外地，将记忆唤醒，写成了这篇绝世佳作。把自己当成万物的一分子，把自己沉进历史中。

我们要学习他能文能武全面发展。从历史记载开始，讲究文武双全的人才，比如岳飞能写诗，欧阳修能带兵打仗，苏轼能论兵法，曾国藩、左宗棠，都是文武兼备之才。不光大臣，不少皇帝也是文武双全。

一个时代的人有他们的幸福、快乐，有自己的追求和使命，还有难题和困境。作为人来说，做一个对社会有用的人，是严格意义的升华。你能保护别人，能引领别人，也能带领别人走向一个新的方向。

你想对张若虚说什么？

生：我想说，你那时候有没有遇到一些困境？作为家乡人，我肯定会向他学习。

师：时代流传，张若虚的归葬之处已经无处可寻了，可不可以当他消逝在了天地之间，成为了仙人。举头三尺有神明，举头三尺还有我们的“师”和仰慕的贤哲们。学习他们的闪光点，你即便不能成为他们那样优秀的人，也会成为一个内心充实和有理想的人。

第三十五课　广陵挚友——枚乘

淮安之子

生：枚乘的故事我在《扬州童话》里学过，他写了一篇关于广陵潮的作品《七发》，赞美广陵潮水的壮美宏阔。他是今天的淮安人，跟我们扬州有什么关系呢？

师：当年还没有京杭大运河，如果从淮安到扬州，只能靠步行，或者车马。枚乘就跟几个同学一起来广陵国，看广陵潮，或者能找份工作，这多好。夜里要么在农家借宿，要么就住在田埂边，农历八月可能还有蚊子。一群年轻人看着旅途中的星空，讲着快乐的事。

生：费这么大劲，为看个广陵潮值得吗？

师：对呀，很费劲，要走多少天呀？从扬州到淮安三百多里，一天走五十里，大概要走一个星期。我小时候，扬州劳工被调遣去开挖淮安的里运河，就是走过去的。男人先去了，劳动力不够，又征集女人去，也得靠走路。我的妈妈和小姑妈走路去，带着担子和简单的行李，完工后又从淮安走回扬州的家里。

西汉时期，枚乘和他的朋友们好不容易到达当时属吴国的广陵，结果没被吴王所用，其他人都回去了。广陵国的经济很发达，有手工业、矿业、农业、制造业、服务业。枚乘留了下来，在广陵国边打工边找了个书院学习。

这次旅行让他领略到了广陵潮的壮美，每年八月十五官方都会组织文人雅士，在望潮楼上赋诗歌颂广陵潮。他写的一首诗就被吴王的一个文书看上了，推荐给了吴王刘濞。他在吴国做了个会计的工作（记账员），到各地收租、查账等。每次从广陵城出发，到仪征、横梁，沿着江水南岸到丹徒、镇江等地，沿江走访村落和城镇。

每年能有十二次潮水光临，他对广陵潮太熟悉了。他看了二十几年潮水，从普通的会计做到吴王身边的近臣。刘濞为了给儿子报仇，反对削藩，起兵跟朝廷抗争，发生了著名的“七国之乱”。他当时就劝刘濞，你现在失去了一个儿子，不能再失去自己的封国。吴王没有听他的，最后兵败而死。此前，枚乘已离开吴国，为梁孝王赏识，去梁国做王子们的老师。

梁国在今天的山东省西南部，河南省东部一带，梁孝王是汉景帝的亲弟弟，特别受重视，聚积了大量财富，王子们骄奢淫逸，天天走马遛狗，不想读书，通宵达旦地唱歌、胡闹，白天就睡觉。枚乘既是梁王的近臣，也是王子们的老师，在那里过得还是比较舒服的。他写广陵潮出神入化，《七发》从两汉到唐宋元明清，都用在教材里。你就知道为什么广陵潮和扬州这么有名了。后来的李白、杜甫到扬州来，都想一睹广陵潮的风采。可惜他们来的时候，只能看到水渍留在墙角的印迹了。

这篇写广陵潮的杰作，两千多年来，一直没有人能超越。学习人物生平，要往历史纵深去看，而不是只看到家和学校，看到你眼前存在的一切，历史上的存在与积淀，远比你眼睛能直观看到的还要多。你要学习更多优秀的、有奉献的、有作为的人物。

广陵之臣

再来说枚乘，为什么写广陵潮写得那么如临其境？就是因为他多年陪伴着广陵潮，对广陵潮有细致入微的观察。他一会儿把自己当作潮水，一会儿把自己当成广陵城，一会儿把自己当成城中的一座座小桥，当成螺蛳、鱼虾、乌龟、海龟、海鸥、浪花、天上的云朵……广陵潮水本身像千军万马，像天神从海边驾着龙、驾着车来到了广陵城里，一会儿把自己当成游鱼在水底，一会儿把自己当成飞鸟在天上，一会儿又把自己当成明月，伴随着潮水来到了广陵城，拥抱着广陵城。这是一座天上之城，当年的美，当年的沧桑变化，已经被淹没在了历史当中。非常感谢枚乘，他把这一切都用文字留了下来，把当年的美，当年的惊心动魄、令人心驰神往的身心感受留给了我们。《七发》里有广陵潮，广陵潮里有《七发》，他写景写情的功底，被后人学习了两千多年。

多美呀！

他写广陵潮，和潮水成了知己好友，因为工作变动去了梁国，是那么思念老友。每当中秋月圆，好像听到了广陵潮水的“哗哗”声一阵一阵地在窗外响起。每当月光泻地，他就会在庭院里来回踱步，想念远方的朋友，想到泪光闪闪。他说，我的老朋友到广陵城中，是来跟我赴八月十五的约会，他知道我不在吗？他知道我去了哪里吗？他是不是去了每条街、每条巷寻找我的踪迹？可是，我走的时候没能等到潮水来，我多么想和你告别呀，我多么想告诉我的好朋友，我要去远方了，从此就见不到你了。

梁国之师

枚乘在梁国的时候，过得既如意也不如意，毕竟思念家乡。他最想念的就是广陵潮和广陵。这座城市有他的青春、梦想，还有在这天底下最好的朋友。广陵潮用它博大的胸怀和铿锵有力的步伐，滋养、引导、开悟了一代又一代广陵人。为什么广陵人博爱、从容、包容？是因为广陵人知道他们住在天之涯、海之角。

广陵潮也许曾经到梁国去看过他，他听到了月光里的广陵潮一阵一阵的声音。枚乘和广陵潮分别，令我非常感伤，这对老友在历史的天空和文字里相爱了两千多年，又令我感动。为此我写了一篇《千古挚友广陵潮》，收录在《扬州童话》里。

我刚才把自己当成了枚乘，做别人的老师、别人的谋臣，但家不是自己的，住的是临时的居所。人一旦上了年纪，想念的是过去的生活、过去的朋友，他把广陵潮写在了《七发》里。

那贵族公子们，听到前面几件乐事都不为所动，看到观涛，他们没想奋发读书，也没有痛改前非，而是准备八月十五就去广陵看天下大潮。他把广陵潮写得让人身临其境，可谓冠盖古今。劝学的效果没达到，反而令贵公子们动了远游的心思，这也算是一种意外和无奈了。

这篇散文之所以被称为汉大赋的开山之作，一个是气象大，另一个是用心之大。他劝诫贵族子弟不要过分沉溺于游宴、田猎、饮食等享乐；劝慰天下人要珍惜时光，珍惜青春年华。其实这篇大赋也是告诉天下文人，如何观察大自然，如何独立思考，如何写文章。

从枚乘这里能够看出，他写的文章有很多很多，别的几乎没能流传下来，但这篇足够他流传五千年。你我也一样，创作时，与其写一百篇废话，不如用心写好一篇。换个角度，不先写很多废话，哪来本事写有用的呢？写作就像爬梯子，从第一层爬到第九层，总归从没用的爬到有用的。所以不要拒绝练习，哪怕是废话也要留下来，留给未来的你看看。

扬州之子

枚乘的《七发》为广陵潮做了最好的广告，韩愈、柳宗元、欧阳修、王安石、苏轼、范仲淹……古代的文人们，谁还没学过《七发》呢？它是至今能看到的流传下来的汉大赋领篇，在文学史上有着特殊的意义。枚乘的影响力类似于后来的古文运动的代表人物：韩愈、欧阳修，还有近代文学运动的先导者，两位改变文体的重要人物：鲁迅和胡适。他们是处在文化潮头的人，是划时代的人物，是非常值得仰慕和尊敬的。诚然，这是我的个人认识和见解。这样理解，枚乘也是文体引领和开拓型的人才，篇幅、容量、意义、价值，都更大。他把广陵潮那位老友写进了《七发》，这是他送给好朋友最好的礼物。广陵潮是他的朋友，今天你在扬州有朋友吗？

生：有，涂老师。

师：我是人，我是说你要找个物做你的朋友。

生：那就是扬州的市花。

师：琼花是你的朋友？我希望将来有机会写写琼花，要能看其色，嗅其芬芳，陪伴她一年四季，等待她花开，知道她辛苦。等她花落了以后，落寞了，希望你能陪陪她。我写了一篇《扬州花事——琼花》，有我的独立见解和发现，你不妨找来看看，将来也能写一篇关于琼花的文章送给她。

师：那你怎么不问我，我在扬州有什么朋友？我在扬州朋友很多，有历代的帝王将相、达官贵人、贩夫走卒、唱歌弹曲儿的、画画写诗的、补锅卖菜的……那些人都是我的朋友。如果说扬州还有什么是我的朋友，扬州从今天开始，到过去和未来的一切都是我的朋友。每条小河、每块砖、每块瓦、每条小巷都是我的朋友。如果非要我选一样的话，扬州的巷子是我的朋友。它们有历史，弯弯曲曲，有时安安静静，有时喧喧闹闹，和现代社会似乎是隔绝的，又不是完全封闭的，一条条巷子口就像一扇门、一扇窗，沟通着现代与过去。每条扬州的巷子都保持沉默，一两千年了，大概都忘了怎么说话了。它们把历史都保存在巷子里，记录下每个人的一生一世。繁华也好，萧瑟也罢，都见证了人生百态。《静夜思》不就是李白在青莲巷里写下来的嘛。

师：穿越到西汉时期，你要是看到了枚乘先生，你想对他说什么？

生：广陵潮改变了他的一生。

师：你能有这样的见识，广陵潮这位老朋友确实成就了枚乘的千古之名。有机会带你去淮安的枚乘路和枚皋路去看一看他的家乡，好不好？他是我们的家人，我们是他第二故乡的亲人。他是西汉时期的新广陵人，就跟现在很多新扬州人融入扬州，建设和热爱扬州一样，枚乘的贡献是卓越的、不可替代的、值得仰视的。

枚乘既是淮安的儿子，也是扬州的儿子。

广陵潮爱了这片土地几千几万年，终究还是离开了我们，成就了一位大作家，成就和改变了后世与之有缘分的千千万万个我们。在此要对已经消失的广陵潮说声谢谢，也谢谢昊然给我这个机会重温枚乘的历史，一切优秀的和被历史淘洗过的人才，如钻石、珍珠、玛瑙，来自它们本身的成色，还来自它们对这个世界的钟爱，对山川人文的挚爱。我们作为人，要爱这个世界，也懂得爱自己，好吗？

第三十六课　有趣灵魂——汪曾祺

师：汪曾祺被誉为“中国最后一个纯粹的文人，中国最后一个士大夫”，他的老师是沈从文，是扬州高邮人。高邮有他家的老宅、巷子、亲戚，还有他写的店铺、人物有的也在。他的作品里还写了鸭蛋、米酒、蒲包肉等高邮的特产。

在学汪曾祺之前，要说一件实在的事情，他的优秀，在很大程度上取决于他的父亲早期的熏陶和影响。他的父亲很有才华，祖父中过“拔贡”，是生员里面的佼佼者，每年能从朝廷领取一定数额的钱和粮食，可以安心读书，减轻家庭负担。清末，清政府取消了科举制度，考生们的这条做官通路就断绝了。祖父不能做官，就学医开了医馆。为什么他们能当大夫？一个是能认识字，再一个就是旧时的文人也会涉猎中医中药相关知识。汪父行善积德、医术高明，一条街都是他家的房产，家境优越，有时间给汪曾祺有效的陪伴。汪曾祺自己的回忆录里写过，父亲和他糊灯笼、糊风筝、捉蛐蛐、钓鱼、叠手工……父亲还会拉胡琴、画画、唱曲儿，所以，可以带着他一起玩，一起成长。有这样有趣的父亲，汪曾祺拥有一个丰富多彩的童年。以后你做了父亲要有趣，即使有再多的压力，再多的任务，也不要放手对孩子的培养和陪伴。

他父亲为汪家培养出了一位享誉中华的作家。

一个时代对一个人的影响和塑造的作用是决定性的。汪曾祺的青少年时代，社会动荡，外敌入侵，他经历了北洋政府、国民政府，迎接了新中国的成立。人们生活在乱世很痛苦，很难熬。像汪曾祺这样天才的种子，非常容易被湮灭，他们家至少还有些家底，家境不错。他在西南联大上学，后来到了北京工作、定居。

要有一个机会。他写的样板戏《沙家浜》，对京剧改革有深远影响。我在北京电影学院学习编导，他的剧本被老师称为："多一个字不行，少一个字不行，改一个字不行。"他能做到这样，被誉为剧本界的泰斗。

要有一个磨难。想要成为非常了不得的人，即便家境非富即贵，还应至少经历一次磨难，汪曾祺被打成过"右派"，被下放过。磨难造就了他的文学才华，锻造出他对生活的热爱。可贵的是，他仍在困境中继续前行，不放弃成长。

汪曾祺是一位语言大师，他的语言换一个字就能有别样的韵味。他的语言描述得精确，能营造出神韵。有很多人只是写文字，而有的人是写韵味、味道。比如你的《寻找秋天》就非常有味道，你的《勇敢的宇宙》，里面就有情感在，另外《开小差》写得也很好。像这种韵律不是说想有就能有的，这是要天分的。有的人一出口就非常有修养，令人如沐春风。而有的人一开口就让人很烦。这一切并不是做一个有礼仪、有教养的孩子就够了，还要掌握语言的艺术，情感的把握，品德的塑造，兴趣广泛，才能有话题。汪曾祺是一个有礼仪、有教养、有韵味、有韵致的作家。

要学汪曾祺有一颗热爱生活的心，他写的人物大多是生活中真实存在的人。汪曾祺的作品，越读越有香气，越读越有味道，越读越值得咀嚼。汪曾祺的文字是不可多得的，是自成一派的。风骨、气质、风韵，能做到一个就非常难得了。

特殊的年代，他生命中的二十多年时间，几乎都是小说创作的空白，这是多大的损失。他始终善良，热爱生活，提携后辈。汪曾祺本身还是一个爱吃的人，是个美食家，会自己做菜。

他能把高邮的咸鸭蛋，写得令读者流口水。评论家王干先生说他不是热爱万物，是“爱戴万物”。这两个词的层级是不一样的。你的心灵感知的能力怎么样，程度如何，将会写出什么样品质的文章？你是将那些鸡、鸭、鹅、鸟当畜生呼来喝去，还是去爱护它们？

从心灵出发的本质不一样，写出来的文章自然会令人有不同的感受。

要学习他有一颗敬畏之心，对万物也是如此。他对待高邮鸭蛋，对待蒲包肉，对待文章里的普通人，如穷苦的艺人、生活困顿的人、不能够自保的落魄的文人、市井街坊，皆饱含着深切的同情。但是不能跳出来说同情，只会把那一切冷静地、艺术地、有情感地呈现给你看。他的文章有正义、有温暖、有善良、有慈爱，他不评说，只写给你看，这是高手。

汪曾祺的作品会历久弥新，随着时代的发展，特别的喷香、浓烈，越读越有味道，语言经得起时代的涤荡和检验。苍生万物，你爱它，它就是你的，你不爱它，它就不是你的。人的一生一世很短，长的是自己的创造，是自己的品德与精神能长久地传承下去。人要有精气神，还要有主心骨，所以从优秀的、卓越的人们身上学到的品德，渐渐为你所有。

宇宙中有个叫地球的星球上，住着七十多亿人，此时此刻，一个老师涂晓晴和一个学生温昊然，在聊古人的过去与历史、能力与品德、成长与修养。在每个午后，每个黄昏，每个可以给你上课的时间，我都会静静地期待，翘首以盼。和你聊聊天、谈谈心，在你成长的道路上，是一处风景，是一架梯子，也是一条路，伸向更远的地方。有更多的能够自主学习的文人，古今中外的哲学家、文学家、思想家、美学家、政治家、经济学家……在等待着我们。

后人不光要沿着他们的足迹，还要继承他们的思想和意志。我们总想让这个世界更好，汪曾祺也是。他会通过他的笔，去描写某个人物的精神和状态，他是忠实的时代的记录者，为我们留下一幅又一幅图景，让我们了解北洋时期的高邮是这样的，民国时期的生活是那样的，西南联大的环境是这样的，下放的日子是那样的。

他用文字记录下他自己的历史，他经历的人和事。他用文字把他和他写的人的历史，融入了大的时代背景。有人会困惑，为什么要写真实的社会人情？因为真的更有力量、有价值、有意义。

若没有历史的真实作支撑，作品会显得虚假、虚无缥缈，终将被时光带走。汪曾祺身上的优点，你要学他热爱生活，要让天下父亲们学会，多陪伴孩子，跟孩子做朋友。

向汪曾祺学习刻苦学习的精神，他读了很多书，也有很好的老师。有好老师，就有好学生，没有好老师也有好学生，但会很难。

生：没有好老师，学习路上会容易出错，更加困难。

师：对呀，好的父母决定你的出身和生活条件、人脉和未来发展，好的老师决定你的学习和学识，学习习惯的养成。

汪曾祺有他的处世哲学，人生哲学就是这样的，经历过大灾难大磨炼以后，要学会跟这个世界和解，比如苏东坡。在我们所继承的社会体系和结构的大前提下，个人没法去改变，只能顺从。当然不是一味地顺从，要能让自己学得更好，做得更好，过得更好。比如说你在孟加拉国所处的是那样一个社会，你在中国所处的是这样一个社会，你在南非的城市和你在上海，社会背景又是不一样的。

时代本身就是一片土壤，时代是什么样的，结出的人才的果实就是什么样子的。身教胜过言传，所以做老师、做父母，一定要给孩子们做好示范和榜样，时代是所有人共同造就的。对待未成年人，要用善良、友爱、责任、使命、担当去教育他们，才能培养出具有品德和能力的下一代，这是成年人应该明白的道理。

社会、时代就像泥土，孩子就像一颗一颗发芽的种子，落在各种各样的泥土里。坏的影响，就是害虫，连他们自己都没有意识到，一句话、一个举动，对孩子的身心伤害有多大。

第三十七课　双料泰斗——阮元

师：今天要讲的这位，是扬州极少能拥有家庙的，在教育界创立过百年中兴的考学教材界、书院界的双料泰斗，清中期经学和训诂界扛鼎级人物，学术界和官场的常青树。年轻时就在户部、工部、礼部、兵部、刑部任过职，是货真价实的“五部侍郎”，历任乾隆、嘉庆、道光三位皇帝，可谓“三朝元老”；还是九省疆臣，他在九个省份做过行政或教育一把手，政绩斐然。

他唯独没有在老家江苏做过官，因为要是在家乡做官，就会有人情关系，人际关系会错综复杂，官员们容易有偏私，对自己的家人、族人、宗人偏私。

阮元的《易经》老师是甘泉县人乔椿龄，阮元写的《皇清经解》被收入《四库全书》。在易学横行的时代里，实属难得。

他编纂的书有几百上千种，虽有助手，每本书籍必须亲自检查、校对，防止出差错，有的书都要刻板印刷了，还能被他挑出三四十处错误来，令同行非常佩服，以后也更加仔细。

我认为，他还是百代文宗。他在浙江、两广等地任职期间，重视教育，培养人才，开办学堂或书院，为了讲学的需要，带领师生训诂，并出资出版。优秀的教材和辅材编著出来，又对学堂和书院的教学产生引领和推动。这样就进入了一个良性循环的模式。以至只要是阮元开办的书院，就越办越好，越办越有名，或者一开始就很有名。名师愿意前往教授学科，学生也纷纷慕名而来。阮元极其热衷教育，即便他身处高位，也会在政务之余，潜心教学。

阮元的品质、能力、为人，足可以让他被尊为千古完人。他生在扬州，扬州人过去对他并不了解，外地人却对他很推崇。很多写他的书，都是外地人写的。因为种种原因，很难把他捧上更高的舞台。至少目前还没有人能够继承和发扬他的学说，希望未来会有这样的人出现。

诗人龚自珍写了名句“我劝天公重抖擞，不拘一格降人才”，让他闻名天下。他的老师就是阮元开办的书院培养出的人才，他是书院老师教的学生的学生。龚自珍说自己毕业于阮元在当地开办的书院——广州粤秀山学海堂书院。

在跟你说这位同乡时，我怀着无比的敬畏。他的家风传承，实际上可以为百世师表、百代文宗。他是皇帝的宠臣、忠臣、重臣、仰赖之臣、良臣、能臣。如果说他有人生“污点”，那可能就是当时轰动全国的嘉庆科考舞弊案了。他让学政刘凤浩代替自己监考乡试，结果出现舞弊现象。他受牵连而被革职。

他是万世师表，学生遍天下，当时朝鲜的金石学家金正喜，就是他的学生，被韩国人称为“书圣”、文化泰斗。我写的《小窗多明》，屋子里是黑的，小的窗户带来光明，小窗多明，使我久坐。我会对着光明坐会儿，坐会儿，再坐会儿。这篇差不多是《扬州童话》里师生感情的典范。我写那篇的时候，写一次哭一次，改一次哭一次。

现在看来，还会泪水潸然，阮元是国家的瑰宝、历史的瑰宝。希望能有更多的力量，把阮元这位百代文宗和万世师表，更大范围地推广出去。

他的家庙目前仅是传承家风之所，根据他的生平和学识，在官场和朝廷发挥的作用，是不是太小了？是不是低估了他的生平建树？实际上，老师们或从事教育的人，被教育的学生，都应该来“朝圣”，阮元是教师界的圣人。

他主持训诂，训和诂是两件事，也就是将古代没落的文丛、典章制度等“翻译”成现代文字，以期弄懂文本的意旨。宋代会翻译唐代的，明代会翻译宋代的，当代会翻译清代的，这个就是白话化，或者是时代文化化，因为时代的语言在发展和变革，已经出版的典籍却只能止步不前，被日益发展的文字和语言抛在后面，渐渐地，人们越来越难懂那些过去的典籍。

他送了一套一千四百卷的巨著《皇清经解》给他的学生金正喜，这套书千里迢迢送到朝鲜。当时阮元已过世，金正喜感动得痛哭流涕，朝中国扬州的方向叩拜。第二次鸦片战争期间，广州学海堂的《皇清经解》版本被毁损大半，后在学海堂师生的努力下修补校勘，使之能流传下来。当时清代人学习的必读书和选读书都在里头，当然还有做官的、经世致用的。

他能写这么多书，他读的书就无比广泛了。他家虽然并不富裕，但在读书上舍得花钱。阮元家的西岸就是汶河，是一条官河。他每个月都要坐船去南京看书。买书的机会很小，只带够来回坐船和住宿的钱。他看到一本《周易》，却没钱，想先带走，下次来送书钱。老板说，你一个小孩能看懂这么难的书吗？你带走了我上哪儿找你，如果你能把第一篇背下来，我就把这本书送给你。他真是看了看，就合上书背诵，果真得到了这本书。

《周易》是人类的科学，不是迷信，是一门最接近于宇宙和自然哲学的自然科学学说。阮元深谙其中的科学道理，做官、做人、做事、交友、决策，无不运用了《周易》当中的哲学、理学、自然科学理论。他教学一绝，做官了得，做出版非常出色；他钻研《周易》，术数绝顶优秀。

我教给你的这些，希望你把眼界打开，而不是光学习知识。一个人的成功，永远不会来自于表面功夫。你遇见的每一个人，即便只是把粮油店经营得很好，也需要内在的修为。所以要尊重每个人，你所看到的每个穷苦人，无病无灾活到七八十岁，已经受人尊重了。岁月没有带走他、打倒他、折损他，让他失去方向、失去善良，这还不够作为我们的老师，受到我们的尊重吗？

袁隆平是一群山，阮元也是一群山，从事的各方面都很优秀，成为时代的巨人。阮元还在一群山之外多了一条河流、一片湖泊、一片森林、一片鲜花绝美的草原，他的学术、为人、成就等，像一颗星球。天外有天，人外有人，山外有山，水外有水，我们该如何跨越这一级又一级的人生阶梯，往上更高地攀登？能够自立一派、自成山峰、自立门户吗？像这样的人，万里挑一。经营了一片花海，打拼出一片天和地，种得满山鲜花开，成为丰富的知识和经验的矿藏，供后人发掘和享用。

做人难，做优秀和卓越的人，难上加难！

你跟在别人后面走路，还是让别人跟着你走路？这取决于谁？天时、地利、人和，还要有自己的拼搏。我给你讲阮元，其实并不讨巧，因为阮元对你对我来说，太重、太丰富、太庞大。我甚至说到现在，也不能真正理解他的任何一本著作。你理解不了，从先秦、秦、两汉……直到明清“翻译”过来的，即便是清代的古文，我也不敢说都能读懂。人们对古代经典的理解也有分歧，而且有的古代文字已经不再使用。

扬州居然有这么一根“定海神针”。人们只当他是家风家庙，而他就是高山，是个非常综合型的卓越人才。他组织教材的编写，经籍的训诂，为国家培养了大批人才。安抚民生，造福当地，他即便在国内已经有再多学院和学子，也没忘记远在朝鲜的金正喜。当花开了的时候，他仿佛看见金正喜就站在花树下，当他讲课的时候，想象金正喜就站在窗外。

你今天要足够认真地来听课，知道吗？他的成就和造诣、福泽和贡献，我们要怀着无比敬畏的心情，就像对待神明一样虔诚地对待他的过往，对待与他有关的每个字、每个消息。他在外地做官，并不是对家乡的事和人才不管不顾，相反为扬州当地培养了一大批经学和训诂人才，其中的代表就是北湖的焦循，他是扬州北郊人。如果有需要写样、雕版、案头整理、古文查询等工作，他就会把扬州学子带到北京、带到任上做帮手。他提携了家乡一大批知识分子。可是家乡现在有多少人能够意识到他的价值，了解他的为人，知晓他的所作？

希望能通过点滴追寻，把阮元和更多历史人物的真实面貌，请到公众面前来。阮元还曾考证出城北的大土堆是隋炀帝的墓葬，自己出钱挑土把墓堆堆得更高。虽然后被证实并非隋炀帝的真墓，但二者相距很近。我是从这件事才知道扬州有个阮元的，那时不了解他，还想他哪儿来那么多钱。

我也曾经一度认为他只是一名杰出的文人，没想到他是有清一代屈指可数的名臣与重臣。我们要学他什么？他有天分，他的奶奶与扬州大盐商江春同族，他们两家有姻亲关系。他对家人很好，女人们能作诗、能绘画、能勤俭持家，从不争风吃醋。

听了阮元的生平概略，是不是觉得我们的人生越来越渺小了？像尘埃一样渺小，老师都不确定是否能写得了他。如果能为他写本书，至少要花六年时间。即便六年，也未必能写得成，因为既然要写他，就该去研究他曾经写过的、编过的、做过的、走过的、经历过的。

在杭州西湖的湖中央有一处阮公墩，就是他在浙江当巡抚的时候，疏浚西湖，人们留了一堆土下来，上面种植树木，称为“阮公墩”，这个名字是杭州人，乃至所有浙江人对他的怀念和追思。

一任官员对百姓好多么重要，杭州是座爱憎分明的城市，有人被祭祀，有人被罚跪。阮元在浙江加固海塘，疏浚西湖，保护遗迹，做了很多民生工程，是一位好官，也是赶上了一个相对稳定的时代。他在山东搜集当地的金石文化，雕刻、碑文、书法等。山东是孔孟之乡，他的老师翁方纲是前任山东学正，更是金石大家。翁师说过一句话，到现在我都不能说我是大家，如果再让我活几百年，我可能算是个懂行的金石学者。在历史的长河面前，几十年寿命掐掉幼年和衰老的几年，剩下的时光所做的事，能算什么呢？所以阮元也说了，不要记得我的功绩，不要宣传我，更不要当我的点滴之事有如何的了不得。因为我所做的一切，没有任何值得炫耀的，我也只不过是文字的搬运工，花了些时间和精力，把它们重新码放在一起罢了。

所以从翁方纲和阮元那里，我也学到了，没有什么值得自豪和骄傲的，因为每个字、每个符号、每个标点、每个句式等，都是从前人和今人那里学来的。

所以，当一个人用八十几年时间活成了时代的楷模、后世的师表，你想呀，多不容易。清明节刚过去不久，算是对太傅先生无尽的怀念吧。感谢他为扬州文化奠定了历史基石，历史再走远一点，阮太傅的事迹会被更多地发现、发掘出来。

他本身就像一块金石、碑文和碑刻那样，等待人们去发现，等待大家去解读、弘扬、敬爱。

今天给你讲这些，是想告诉你，这个世间，我们所知道的与不知道的相比，连沧海一粟都不到。你我知道的非常有限，你我不知道的却是无限无垠，浩瀚无边。

比自然、比天地还要广阔的，是你的胸怀、你的眼界，还有你无尽的对人世间的爱和馈赠。我活到现在，就想着能找个方法去回报这个社会，当你吸足了水分，你不下雨又能飘到哪里去呢？从大地上吸的水分和养分，要化成甘霖重新洒向人间。

爱是生生不息的，爱是循环的，爱也会重生。阮太傅爱着他那个时代的世界和人们，其实也爱着后人，爱着历史上那位陨落于扬州的隋炀帝。身处异乡的隋炀帝能受到他的庇护，也算是等到了知己。

每片土地上的历史文化，就像这片土地上的花草树木和石子、泥土加起来一样多，挖都挖不完。历史是一座富矿，历史人物就像珍珠、宝石、玛瑙。人越学越谦卑，要往纵深学，上面是历史，下面是现在，横向学，就是这个时代的无限广阔性。

师：以扬州孩子的名义说，我想你应该思考一下，如何做他的同乡？是不是要仁爱，是不是要广博，是不是要不断地超越自我？不断地否定自我？不断地去进取、去攀登、去努力、去探索？要像他当年那样一点点地造福他人，在学术上有超越、有成就，对国家忠心耿耿，对百姓心怀悲悯。

第三十八课　千古臣范——范仲淹

师：范仲淹是个完美的人，是个几乎没有缺点的人，比我们想象的还要好的人。如果你看到范仲淹会是怎样一种场景呢？

生：我感觉他是在外面游玩、看风景、找灵感。

师：你想对他说什么？

生：我想问问他是怎么想到“先天下之忧而忧，后天下之乐而乐”的。

师：你抓住了问题的关键，范公也是因为这句话被后世百代的人敬仰、怀念、学习的。范仲淹当年是跨世纪的，跟我们整整相差一千年。一千年前的范公，竟然那么完美，可见我们中国古老文化还是有优越性的。我觉得他这两句话是称得上伟大、完善的。北宋时期，造就了一大批文化名人和文武双全的人。欧阳修、苏轼、范仲淹、韩琦，以及吕夷简、吕惠卿等，且不论品德如何，都是文武兼备。

你刚才提到的那两句名言就是出自他的名篇《岳阳楼记》。这个人物的材料和知识一堂课是讲不完的。他出身贫苦，远祖家世显赫，是唐代的宰相。年幼时候父亲去世，母亲改嫁给淄州长山（今属山东）一位姓朱的人家，他改名“朱说”。在做官后归宗复姓，恢复“范仲淹”这个名字。寒门子弟读书，一般都会很信书。寒门子弟没有更多的交际和人际关系，所以他为人方正，甚至有些死板，常令人觉得有些不近人情，但是他很公正、刚正不阿。范仲淹在整个为文为学为官期间，都是做到他力所能及的最好。

如果人特别贫苦，怎么才能有出头之日？出身寒苦，恰似把一颗金子一样的种子种在泥土里，日后能长成一棵参天大树。范公的经历很丰富。他有位很好的老师，出身寒苦不要紧，后天努力更重要。有多少名门子弟也没过得好、做得好，出生并不能决定你的一生，而后天的努力，抓住机遇，有贵人的帮助，积极克服困难，才是决定你一生的关键因素。

不管怎么说，一定要让自己变得有文化、有教养、有能力、有好的习惯、有好的情商，还能写出一手好文章。还有同时代写《资治通鉴》的司马光，也是相当了得的大儒！北宋这个朝代我们暂且不去评价，但是其对人才的教育是非常成功的，都是能文能武的能臣能将。通过范仲淹的事迹，我们要懂得出身不是成功的唯一因素，后天的努力更重要。

范仲淹在地方治理方面是非常了不起的。他在泰州任职时，当地海堤年久失修，百姓深受其害，他向上级建议沿海筑堤。后来，朝廷任命他为兴化县令，在他的组织之下，发动通州、泰州、楚州、海州四万民工兴修堤防，保护了广大耕地免受海水之灾。后世屡塌屡修，并有所延展，形成了北起阜宁，绵延盐城、海安、南通等地，直抵吕四港，长达六百里的海堤，人们统称为“范公堤”。到现在各地还在纪念他。

如今，范公堤以东是广阔坦荡的苏北平原，它已成为千里江淮平原的组成部分。

范仲淹文武双全，各方面锦心绣口，相当厉害。像这样一个好官、好文学家，令人肃然起敬。在任何事上都不藏私、不偏私，试问有几个人能做到？

好友梅尧臣劝慰他别多说话，跟朋友们吃吃玩玩不好吗？你非得说话得罪人，惹祸。

范仲淹说：宁愿喊着死，不愿沉默生。《扬州童话》里写了范仲淹。范仲淹像阮元。但阮元不会硬碰硬，而范仲淹耿直敢言，不畏流俗，坚持自己的原则。范仲淹重视教育，兴办书院，讲学，修订教材，这点跟阮元很像。范仲淹一千多年前就讲到了，教育的核心关键在师德。还在师的本领，在师的操守，在师的品行，在师的能力。

每个人的成长都有自己的时间节点，犹如花期。迎春花二月开，槐花四月开，杏花开了槐花要开。

每个人就像一种植物、一种花草、一种动植物，每个人都有自己的花期和成长期，要尊重。孩子们要相信自己，要坚信自己是可以的。要坚定地等待自己的花期，不要那么着急。

范仲淹有教无类，拨钱拨物，兴办教育。因为他自己得到了教育的好处，想把好的跟别人分享。

范仲淹很辛苦，大事小情都要亲自过问。

这既是他的优点，也是他的缺点。

宋仁宗十九岁时，朝政仍由刘太后主持。有一次，仁宗想率领百官在皇帝接受朝贺的地方祝寿。范仲淹听说后上书批评这样做不合礼法，建议仁宗取消朝拜。后来又给刘太后上书，劝她还政给仁宗。范仲淹正直、善良，论是非，不论阵营。像这样的人肯定会遭到打压、打击和排挤。吕夷简当宰相的时候，范仲淹屡屡上书触吕夷简的霉头，吕夷简就专门跟他过不去。他自请外放了好几个地方，因为宋朝害怕拉帮结派，政治和利益输出，一个地方只能任职两三年，且不准本地人在本地当官，因此官员走马灯般，疲于奔命。

有一年七月，天下大旱，江淮、京东一带灾情严重，范仲淹请仁宗派人前去巡察。但是仁宗并未理会，范仲淹便质问仁宗："如果您的宫中停食半日会怎样？"于是仁宗派范仲淹前去赈灾，开仓放粮，减免赋税。他看到饥民以草为食，便把草进献给仁宗，告诫大家要节约。

他兴办学堂和书院，他说一定要教化平民子弟，一定要教化天下的人。让天下人知道，先天下之忧而忧，后天下之乐而乐。如果连字都不会写，这句话都不知道，怎么能承担起复兴天下之重任和使命？昊然，你要想想，我们伟大的国家为什么要把我们教育出来？当国家有难的时候，我们要万众一心，团结起来一致对外。当国家需要建设的时候，我们就要把力量和才智贡献出来，报效国家。人类有很多母亲，自己的母亲、大地母亲、自然母亲、宇宙母亲，祖国也是我们的母亲。

范仲淹不仅下笔千言，而且知兵善战，有一年，臣服于宋的党项人建立西夏，进兵犯宋境，朝廷派韩琦和范仲淹二人去戍边。两人到了边防以后，踏遍了边关，走访每个兵营，去兵营里生活，去采风、去访问，得出了《十防论》，就是在那屯垦戍边，军饷丰足，也养了战马，厉兵秣马，把边防巩固好，西夏向宋称臣。之后，皇帝把范仲淹召回了朝廷，任命为掌管军事的枢密副使。他是能官循吏，是大宋相当厉害的名臣，也是千古名臣，百官代表。他是儒生，是圣人门生。像他这样的骨鲠之臣，铁骨铮铮。

北宋诗文遍地，文修武备。

一千多年前的北宋，也是培养出大批名臣的时代，他们文章、书法、绘画等无不精通，共同缔造了整个大宋帝国繁荣的文化。讲范仲淹，仍然意犹未尽，他是散文家，是诗人，有那么多能力，那么多品德，那么多智慧，全都用在了他爱的皇帝和百姓身上。退休前，他自己还做了一件事，他将一生积蓄的一千亩地出租，收租给范氏族人做最低保障，上学、结婚、看病、入殡等大小事，所需费用从这一千亩地所收地租里出。

他想用一千亩地庇护他的后人。他不仅仅是爱天下人，也爱自己人。

在兴化的第二年，他的母亲去世，他回去丁忧，上级长官张纶接管他修缮海塘的工程，包括动议、打报告、筹措银两，协调地方关系，都是张纶主持的。各地出工出力，很快就把海塘修好了。

“先天下之忧而忧，后天下之乐而乐”的范仲淹离开了我们，一千多年以后，还有人在继承他的这两句名言，至死方休！

第三十九课　悲情帝王——隋炀帝

隋炀本是“隋明帝”

师：前面我们讲了三十八位，你最喜欢谁？

生：我最喜欢泰戈尔。

师：你最喜欢他什么？

生：他写的诗非常好，他的作品很多，有一千五百多万字。

师：他写得太多了，什么都写。

师：印象最深刻的是谁？

生：老舍。

师：为什么？

生：特别记得他的作品，小时候的苦难经历，宗月大师对他的栽培。

师：最同情的是谁？

生：李煜。

师：亡国之君，本来想做个太平皇帝，以诗、书、画度日，却不能如愿。时也事也，命也运也。你觉得最值得你学习的是谁？

生：最值得学习的是孟浩然，学他的品质。

师：他们当中谁比较有爱心？

生：冰心。

师：有了爱就有了一切！她把爱当作旗帜一样举起来，是举起了宇宙的真理。随着岁月的增加，冰心奶奶的名声越来越大。她 1999 年去世，被称为“世纪老人”。

其实每一位都是响当当的人物，如果用珠宝玉器比喻他们的话，都是稀有的珠宝、翡翠、玛瑙、猫眼石。他作为文武全才的诗人，把国家命运终结在我们扬州，也把自己埋藏在了这里，所以不能不说他。

你在江都，他当年建造的宫殿就叫江都宫，算得上都城的并不多，东都洛阳，西都大兴。在《扬州童话》里写他的篇章，我看了很多资料。要讲他的故事，三天三夜都讲不完。我们不是说书，是通过对他的学习，规避他身上的缺点，学习他的优点。

这位帝王长眠在了扬州，现在的人们都称呼他“隋炀帝”，这一名号始自唐朝，其实他原先的谥号是“明”，加上朝代“隋”就是隋明帝。

这是一位少年得志的帝王，开凿大运河，远征高句丽和吐谷浑，赶走敌人。北方少数民族所在区域不适合耕种，他们平时只练习骑射和刀剑，秋收就来侵犯隋朝边民，到大隋境内来抢粮，还把人抢回去当奴隶。他就立誓要征定东北和西北。原先隋朝的疆域没那么大，他可不是不学无术的君王，接受的教育很严格。隋文帝给皇子们安排了很多老师，讲兵法、经学、农业、律法、历法……从早上天亮起来，要学习到夜里十一二点，可见皇子不好当。

他对扬州的感情，不是成年以后，也不是因为琼花，那都是杜撰者以己度人想当然。他在即位前曾做过扬州总管，至五十岁被缢杀创造了多少丰功伟业？从年少时期开始，他就爱上了扬州。他说扬州是天之涯、海之角，是这个世界与那个世界相接的地方。他最爱广陵潮，每到农历十五，潮水就如同千军万马般奔腾而来，他写的四十多首诗里有两首关于广陵潮，可能实际上会更多。

扬州亦姓“杨”

他的人生在扬州有几个关键的转折点，当时从扬州被召回都城大兴城，到了皇宫以后，没有半年就被立为太子，可是，他的童年并不好过。他有一个被忽视的、冷冰的童年。他的童年在寺院里长大。他的妻子萧皇后是在寺院里长大的，夫妻爱得很深。萧皇后是农历二月出生，在当时是不吉利的，迷信说会妨碍父母的运程，或者生命安全，必须送出去寄养。隋炀帝小名叫“阿麽”。

他的母后是一位佛教徒，芳名“独孤伽罗”，“伽罗”是智慧的意思。外公独孤信是“八柱国”之一，他有一枚印章，有二十六个面，用一块煤精篆刻，像一个小拳头。其中十四个正方形面刻有各种用途的印文。你想想独孤信的权力有多大，军权、人权、户权、粮权，都放在一个人手上了，简直是大权独揽。

再来说说萧皇后，恰恰是有史记载的二月出生。她先被送到了叔父母家寄养，不久他们夫妇双双死去，又被送到舅舅家寄养。舅舅家不敢收留，就送到了尼姑庵。两个少年男女，有相似在寺庙生活过的经历。后来，她嫁给杨广，夫妻恩爱，共同建立伟业，热爱众生。杨广带兵远征西域，萧皇后积极支持。夫妇俩为大隋江山稳固立下汗马功劳，包括对南陈的平定和稳固，都有功劳。

他们当年居住的宫殿没有了，但古城墙还在，上面长满了松树、槐树、杂树，隋炀帝被杀的宫殿旧址，被居民们种上了菜。隋炀帝十三岁被封为晋王，大约在今太原，镇守一方。过去八月即飞雪，天寒地冻，晚上上城以后，到了早上下岗，双腿都是直的。城墙外面就是敌人的阵地，做皇帝的儿子容易吗？

神仙就是“仙”

平定陈国，有高颎的功劳，难道就没有杨广的吗？ 前头部队突击渡江，他带着大批兵马在等待，当他渡江以后，几乎没有杀戮一个百姓。他很喜欢南方的居民和民风，人们的面容满含欣喜、快乐，相处非常融洽。他说这是被上天和佛祖深爱着的土地和人民，不应该被杀戮，不可以对他们举起屠刀，因为他们之间是那么地祥和、友爱。谁愿意向这样的国度去投下杀人的利刃？

平定陈国后，他还向萧皇后学习陈国的方言，拜了天台宗大师智凯禅师为师。他还写诗，做大工程，修道路。免不了对民众苛刻，百姓太劳累，民夫伤亡很重，离乱世不远，加上四处征战，管理国家需要硬手腕。秦朝二世而亡，隋也是二世而亡。连年的讨伐与征战，实际上很消耗人们的体力和耐心。你想，征战二三十年，没有粮食，当年河工死亡十之二三，粮库内竟然粮食多得吃不完，为什么？恐怕这与主管官员的贪腐难逃干系？

实际上最后推翻杨广的不是身边的近臣，而是不堪重负的百姓。后来，这些人推举宇文化及领导叛军，皇帝的权力被架空，杨广成为真正的孤家寡人。当叛军攻到流珠堂下，我设计了一个情节，他说如果杀了我一个人，能免去天下百姓之死，且让我自行了断。我自杀，不会让你们犯下弑君之罪。一代帝王就这样与世长辞。他和夏桀很像，武功了得，能言善辩，死在了不尊重人民，不尊重生命，对人民没有善意，不能君怀天下，忧怀苍生上。隋炀帝再伟大又怎样？做了多大的贡献和工程又怎样？真心对百姓好才重要，不能让百姓遭受深重的苦难。禁卫军武装政变抢夺了他的政权，为了不让后世百姓吊唁他们，把他们的生辰八字全部毁掉，不让后世在他们殒命的那天或者是出生的日期祭奠。

皇帝回“家乡”

江河奔流，岁月带走了很多，把他的生命带走了。他生前的好，被描述成了莫须有的恶。太子夺嫡不光彩，哄骗他的父亲和母亲，杀死父皇登上皇位，这些都是大不伦，那就不是名不正言不顺那么简单了。

不知道当时发生了怎样的事情，没办法评判他，只能怀着对逝者更多的尊重和理解。他的父母很恩爱，他和皇后也很恩爱。

我们要学习他的经历、他的勇敢，实际上他是具有有趣灵魂的人。他爱四季如春的南方，他在山西驻守，特别痛恨北方的寒冷。那时候能到的最南的南方，也就是扬州——他日思夜念的第二故乡。

他率领庞大的“亲友团”“百工团”“臣子团”从洛阳出发，乘坐龙舟，航行在水上高速公路上，不用走路，坐着、睡着，扬起风帆就可以到达。想赶在八月十五到扬州来看广陵潮，在望海楼的大平台上办公，接受百官对他的朝拜，翻阅他们的奏折，议论朝政，潮水“哗哗”地奔涌而来。他们穿的衣服宽袍广袖束腰，说的都是古代语言，礼仪、动作、神态，像不像仙人们曾经在扬州生活过？

他在诗里把来扬州说成是“我又回来了”，是“回”扬州。有没有想过这个？老师给你讲没落的帝王，有点超出你的认知水平了，导致你竟插不上嘴。这没关系，有时候上课要挑战一下听课能力的上限。

扬州与杨皇

帝王将相、才子佳人命运不同，无非是个人和社会共同的背景。不能用插科打诨把他们降格，来博得受众的易懂和理解。你和我都应该去接近他的人生，他的生活轨迹和生命历程。这样一位饱受争议的帝王，永远长眠在了扬州。

他像完成了上天交给他的任务，又回到天上去了。他哭过、笑过、赢过、输过、爱过，又被诽谤过，到今天为止，关于他的争议仍没有停止。身处失败中的人，应该学学隋炀帝，因为毕竟我们没有国家可以失去，也没有帝王之躯可为天下人谢罪。没有人要我们的性命，还有什么过不去的呢？既然有连隋炀帝都过不去的火焰山，我们又有什么繁难。

扬州后来的强盛，使之很长一段时间内成为大唐陪都，是跟当时的炀帝把大量的军事、制造等，包括手工业高端人才都会聚在了扬州有关。全天下最好的工匠都在这里，造亭台楼阁的，造船的，造军备武器的，还有生产生活用品的，毡帽、铜镜、靴子，必备物品都出自这里。当时有养马、养骆驼的，有皮毛生意，鞋子也是在这里做的。就连当时的首都都要到扬州来进货，可见发达到了什么程度。

可惜他去得太过惨烈，他的皇朝也消失得太快。

你的妈妈是从运河边的名镇邵伯走出来的，那里的古人们想必曾经看过当年隋炀帝三下江南的盛况。我希望你学习这段历史时，胸怀变得更加博大，眼界更宽广。这个世界有很多我们难以做主，难以说得清的事情，无法议论是非。

一起缅怀这位古人吧，让他能在扬州的地下安寝一千年、一万年……他爱过这个世界。这个世界恨过他、爱过他、放下了他。我们是一个又一个有大爱和善良的生命，只要努力过，奉献过、一切都值得。

第四十课　半个圣人——王阳明

师：继上次给你讲成长课，已经有两年之久，昊然好像一夜之间长大了，说说你对王阳明了解多少？

生：王阳明其实不算一个单纯的文人，能文能武，人家评价他文能开宗立派，武能安邦定国，他也有很多新“粉丝”，很多人都很崇拜他。

师：另外两个圣人，是王阳明最喜欢的孔子，还有一个是孟子。

生：老师，为什么要说半个是他？

师：大家觉得他的其他一些地方，学术或者什么的，比不上孔子和孟子。王阳明是天才，学习的天才，教育的天才。他年少时经过镇江金山寺写了一首诗：“金山一点大如拳，打破维扬水底天。醉倚妙高台上月，玉箫吹彻洞龙眠。”他的写作手法上天入地，可以仰视，也可以俯瞰去写。“噗”伸出来一个拳头，把维扬水像天空一样打破。这首诗的写作角度无所不包、飞翔升腾，地球的吸引力对他没有作用。他是时刻都能飞起来，飞升到空中去，这个人那么年幼就能有这般见识，实在太了不起了。他的汪洋姿势一般人学不到，为什么学不到？

因为我们的心境没有他那么奔放，心灵也达不到他的高度与见识，物象的创造力、想象力、联想的能力等，都达不到。从文学上来说，他的能力从年少时就已初见端倪。

他说过一句著名的话，“我从来不背书，我要写书让别人背诵”，可是他后来又述而不作，可能觉得自己的理论和观点还不够好、不够优秀，不想像圣人的言论能够传承下去。后世很多人甚至怀疑他就是孔子转世，因为孔圣人当年没有在沙场上证明自己，没有在政治斗争和军事演习当中去实现自己的价值，所以又来了人世一回，饱尝了百般滋味。

生：我记得王阳明两次没中举人、进士之后突然中了，然后他和他父亲一起去了北京城，他其实每天就在房子里读书，但是后来他父亲觉得他是有一些文采的，请来老师教他，他就对书上的一些理论产生了疑惑，自己观察了竹子七天，结果什么也没发生。他突然一下就开窍了，觉得自己要是每天都这样，肯定当不了圣人。

师：“格物致知”，所以他说要致良知、知行合一，在行中知，在知中行，不能说什么都不懂就不去做，要先做起来，发现不足了再去做，在做的过程中发现不足了再去做，如此循环前进。

生：王阳明驳斥了这个观点，格物致知他认为是不对的，不管后来怎么样，年纪轻轻说出那样的话，也稍微有一点狂妄了。

师：昊然，我只是给你打开了一扇门，让你去认识王阳明。你也可以继续研究他。他的一生比较坎坷，老师想告诉你一个道理，包括太监追他、陷害他，地痞恶霸跟他过不去，还有疾病，那么多的苦难，我原来是没有想明白，总觉得是这些苦难让他成为圣人，只有这些苦难给了他磨炼，实际上这些苦难是上天给他安排的礼物，有没有想过?

生：我觉得可能就是上天对他的考验，要是他在灾难中一蹶不振，可能以后再也不会有这种机会了。要是他在这个磨炼中成功了，会变得越来越好。

师：如果以后遇到困难，你会怎么做？现在知道了吗？只有大造化的人，上天才有兴趣去历练他，给他加倍的苦难、折磨，难道不是吗？所以我想教你一句话，按照王云（王阳明）的一辈子看下来，也就是说越面对挫折越勇敢，越坚韧越坚不可摧，不在困难面前摔倒，要把困难打倒，这点可贵的经验，是人物本身给我们的启示。

王阳明以文学的一生来说，就像你说的，他不能算是一个完全的文化人，他是个政界的人，实际上他还是个哲学家、思想家、教育家。你有没有觉得他在教育上也是相当了得，他今天广义的“弟子”遍布全球，学他的，只有他提出了知行合一，甚至是奋进的儒家的代表。

按照成长理论，还是要从人生道路上来研究王阳明，他几乎是按照自己理想的活法过完了这一生，包括他娶妻，跟太监斡旋，还有南昌宁王朱宸濠之间的纷争与争斗，他都体现出了他高超的智慧。他的内心很澄澈，非常透明、执着、纯粹。他写中秋月“吾心自有光明月，千古团圆永无缺”，多么文学、温情、执着。

生：我感觉他在表现的，是他可能背井离乡很久了，很想欣赏到月亮，但感觉月亮好像在跟他开玩笑一样，一直不出来，很惆怅。

师：昊然，你真是长大了，把你独立思考的这些话，好好表达出来。再接着说王阳明讲学，他和学生们八月十五度中秋，然后学生们吹箫、弹鼓、喝酒、跳舞，和王阳明在月光下整整过了一整夜，他在他的家乡余姚有书院宣讲他的学问，有他和学生非常美好的回忆。朝廷要他去做官，首先留他的就是那些学生，因为学生们需要一个精神领袖，更需要有人像蜡烛燃烧自己一样，指引着他们在黑暗中前行，所以学生们离不开他。学生们说：先生，您走了我怎么办？王老师说，我走了还会再回来，有不少学生等王阳明赴任，就跟他一起去任上，帮他打杂、抄录公文、管理财务，什么事情都做，甚至从军、行军，还有好多学生就等在他的家乡书院。

当然，他的书院也会教正宗的科举知识。他本人就是通过童生、秀才、举人、进士一级级考上去的，是相当厉害的考学能人。学生们会问他策论什么的怎么写，他就会讲解题、试卷，还会出题，所以书院的生源一直很好，过得也很滋润。比起当官从政、戍边打仗，或者平定叛乱，都舒服太多。

每个王朝都有它结出的“果实”：文化、艺术、军事、政治、哲学……大一统的明王朝也不例外，居然催化出了半个圣人。王阳明除了所受的那些苦，老天给的那些造化、那些礼物，还有他自我的那种拼搏、坚韧、毅力，都是你我该学的。

我们的才华可能比不上他，但今天社会的发展、发达远比他那个时候好，学习的载体远比他多，应该更可能地去学习。当然也要遇到好的名师，比如我对你成长的引导，写作的领路，还有张楷翌老师对你奥数思维的帮助，都会对你的一生产生积极的影响。

你运气多好，人这一辈子能遇到一个良师，都算没白来。王阳明当了多少人的良师，肉身去了之后，他的文学，还有思想、语录等都在教育和激励着后人。

儒家有三个“立”：立功、立德、立言，他都做到了！这三者可以有多种解释，立功就是做官为民，或者是杀敌戍边去争取功名。如果立功机会不那么好得到，就选择立德。德是什么？成为德行的楷模，道德的代表，做引领别人的榜样。塑造和养成道德的导师和推手，立功难，立德更难，立言也不容易。晓晴老师是坚定的儒家思想的追随者，所以为什么那么喜欢王云（王阳明的本名之一），喜欢苏轼，喜欢欧阳修，喜欢韩愈，敬慕考取功名的举子、进士们。可能晓晴老师就是其中人，特别希望是他们当中的一员，期待有机会为国家和人民效力。

第三个就是立言，言什么？著书立说或者去讲课，那么立言就是写作，德就是教育，知道吗？去培养别人。王阳明有好为人师的品质和本性，特别想告诉别人一些道理，自己觉悟了就像怀揣珠宝来不及要跟别人分享。我前阵子跟你们讲了思考前面要加哪两个字才能够更好？

生：独立思考。

师：很好，很棒，他们哪一个不是独立思考的，至少是他思考之后得出来的结果。是不是感觉他思考都很有个性？

生：人家都在思考着如何把别人的东西学会，他在思考着人家的东西哪里不对。

师：如何让别人来听他的、学他的？他是开疆辟土的人，所以说他是圣人。跟着苹果树一起思考，最多思考出一个苹果。跟着梨树一块思考，最多思考出一个大梨或者小梨，是不是？没有独立思考的能力，就跟着别人一起去动脑子或者不动脑子，别人结果子你也结果子，但是要有自己的独立思考。晓晴老师要是没有独立思考的自觉，就没有这套《小学生成长期作文》和其他作品，也不可能在写作与成长教育领域开疆拓土。在你自己擅长的行当里，走别人的路总是很拥挤，是不是？

生：而且很多时候感觉，再怎么努力，也很难做到前人那么好。

师：所以你在思考前面要加“独立”两个字，你要成为开疆拓土的那个人。老师喜欢开疆拓土，喜欢自己开辟出一条道路，这是成功的秘诀之一。

生：我也在学习独立思考，比如数学，我会想出别人用不出来的步骤，结果比别人的计算简便。

师：这就是独立思考后的产物，值得夸奖。再说回王云，他强调“述而不作”是向谁致敬？孔子，孔子讲课时就是述而不作，但孔子没有“作”吗？孔子的述而不作是对他教学的理论课，他说的道理没有作，就是把课程内容总结成书本。

你要把王阳明的《传习录》好好看，然后一字一句地解析。他是个伟大的人，生而平凡，也并没有建多么大的奇功，但他已经做到了什么？做到了比老天希望的还好，因为面对那么多的苦难，他也没有说谁不好，这点很了不起。

生：感觉好像和苏轼很像，就是说“这世上没有一个坏人”很棒。

师：你能记住这几句话就已经不错了。王阳明在龙场悟道，一个人在孤单时好好想一想，静下心来思考思考。人有时候要在孤单、安静的情况下，才能进行思考，深化思考。王阳明到了那么远的地方，连充军发配的人都发配不到那么艰险的地方。你不要忽略他的一点，他有非常高超的智慧，就像你刚才讲的，别人解一道题要 6 步，但 2 步也能解，为什么不用，因为还没想到。

学知识是为了中用，所以你要把你学习的数学和奥数思维等，用在生活和生命中。老天在帮你安排每一步，就像王云当年，吹了那个牛以后，不管后来怎么样，但至少实现了。人家没写书，还有人背他的书，这太不容易了，真是感谢我们这个民族，还能生出王阳明这样的学子、儿子来，最终他已经成为了民族夜空中的守夜人，民族的守门人，民族手持蜡烛的那个人。后世很多大人、孩子，应该向王阳明学习，在做中学，在学中做，知行合一，致良知，心即理等。

他教会了很多人，至少我本人就是他的隔世学生之一，我很认同他、崇拜他、同情他。很多人在学习他思想的果实，看到他思想之树上金光灿灿的果实，但你我要同情他、敬缅他。同情这个人的命运，他生时在熔炉里历练来历练去，太苦了，寿命又很短，所经历的都是一些什么样的年代，什么样的人，什么样的对手，给了他一个什么样的社会环境，这样的人居然还能够让自己活得满地繁花、满天星光，得有多大的能量才能活成这般宏阔!

想想看，你我今天遇到的苦还叫苦吗？你还跟妈妈犟嘴吗？你对他们的孝敬和爱还来不及，怎么忍心去气她。不能无缘无故地气妈妈，知道吗？不是你的眼光好，是妈妈的觉悟高，是她接受了你做她的孩子，不是你挑选了她。你要感谢她给了你一个机会，给了你一套生命系统，给了你求生谋生的生命本能，他还陪伴你成长，“活佛”就在你身边。

我也是昨天夜里才明白了这个道理，因为要给你讲，心里面一直在想这件事，我们的父母对我来说究竟是什么？我们就觉得感谢他们给了我生命，不仅仅是感谢他们把我们养大，是要感恩和惊讶于他们自己生得平凡，却能给我们这么聪慧的心灵。对于智慧，他们其实什么也没多做，或者说只是做了父母该做的，可那么多的福报怎么来呢？一个是父母为你去做更多的好事，你要为自己做更多的好事，你还要为你的子子孙孙去做更多的好事，一代才能比一代强，一代才能比一代更好，知道吗？

比如你的爷爷会为别人看病，他是为你们积攒福报。爸爸去抓坏人，那也是为社会做贡献，其实也为你积攒福报，有利这个家庭。妈妈也在做福报、行善事。你现在最好的“行善”就是好好学习，跟着大家给你定的步骤，完成得比我们想要的还好，那就是你的行善了。

而且，你今天的口才发挥，我觉得已经产生了质变，我对你今天的成长很满意。对于你的学习，是全方位的、综合的、全面的学习，不光是知识，你的大脑、你的身体健康是一部分。你的功课、你的心态、你的道德品行、礼仪素质、能力品质都要提升，不能知识跑前面去了，心态还没长好，学习态度还不端正，这不行。对王阳明，你还想说什么？

生：我们一定不要向困难低头，有时可能你再坚持一小会儿就可以看到光明。

师：很好，面对困难，就是承接上天给的礼物，不要抱怨，不要气馁。困难是老天给有大造化的人的礼物，你要是没有大造化，上天都看不上你，凭什么把那么好的宝贵的灾难给你。灾难的形成也需要勇气，也需要有人做坏人。要丧失一些人的品德、钱财，或者是名誉，甚至是自由。他害你他要去坐牢对不对？他害你，甚至还要丢掉身家性命。那些被上天当成礼物，送给像王阳明这个大才大德的人的仇人和对手，那些人我觉得也够冤屈的是吧？

生：历史上有很多这样的例子，是上天指使他们去害好人，然后成就了好人之名，自己落下了一身骂名、埋怨甚至杀身之祸对吗？

师：很形象，感觉上天就那么少的东西（用能量去形成打击），他只能尽力地把一些好的给普通人，那些已经被抽走，已经给出去了，就没有那么多礼物了，只能少给一些，要集中注意力、集中精力为有大造化的人铺路。比如说老天现在不就为你铺路了吗？

王阳明的生命即将结束，平躺在他回乡的小船上，他已经在弥留之际了，你想跟他说什么？

生：希望孔子延续到王阳明，他们的精神，可以继续延续到后人。

师：再过 3000 年，他和孔子都是这个民族夜空中耀眼的星星，老天自从生出和造化了孔子之后，又如法炮制了王阳明。在哲学和思想领域，这两次运化把老天的元气伤了很久，自王阳明之后，哲学和思想界已经很少有如此受欢迎和崇敬的伟人和伟大的思想家降世了。

那个年代出了很好的人，王阳明、徐霞客、郑和都相当了不得，所以致敬那个并不完美的时代，致敬那个时代里有着这样那样缺陷的、不朽的人们。对于王阳明说不完，我最喜欢的就是八月十五的晚上，他和学生们通宵达旦地吃喝玩乐。那样的时刻，简直就是仙人来过。我们今天的生活再也不能达到那样的愿望，致敬曾经来过的那些了不起的灵魂，我甚至觉得这次讲得没有上一次好，你觉得吗？

生：我倒不太觉得，老师每次讲得都挺好的。

师：讲的大概的脉络差不多，但是我觉得没有上一次讲的那么令我感动。

他在龙场悟道，他自己悟到自己睡在石棺材里头去了，要怎样的大彻大悟，才能有这样的大悲大喜、大造化、大知识、大德行。他在金山寺作的那首诗里的“洞龙眠”，你有没有觉得他真的成了洞里面的龙？

生：我记得他是阳明山人。

师：“阳明山人”是他的字号，跟道士一样，他用道家养身，他肺气不好，就想锻炼，找到没有人的地方，实际上他染上这个病（肺病），过去得这个病没有办法，所以早就注定了他不能活太久，但他短暂的一生活得非常精彩，你有没有觉得宁王造反，或者那几次农民起义是上天送给他的“礼物”？

生：他能解决得好、解决得妙，所以说是不一样的。

师：他平乱，做了很多了不起的事，他甚至做的有点像苏轼在黄州做的，如为当地打井、建学堂，看病、问死、吊丧。为什么孔子和儒家的一套思想理论这么好，它是以爱为先导的，知道吗？

孔子讲“仁”，仁者爱人。也就是说当你心怀友爱，心怀友善，在这个世界上总归会有人需要你的。你是一心为公，自己过得更好，才能做得更好。儒家的“儒”是让人们需要的人，儒，人需要人，你需要别人，别人需要你，你要长成让别人需要你的那个人，记住了吗？今天课程就到这里好吗？妈妈也累了，Say goodbye，老师爱你。

生：好，拜拜。

心灵导师

生：为什么说晓晴老师是我的心灵导师？

老师一直说，她教孩子是教心灵成长的。因为在她的眼里，每个孩子都是无价之宝，都是上天赐给父母的礼物。每个孩子来到这个世界那一刻，都是天才，只不过他们各自的家庭和所处的环境，遇见和接触的人给了孩子们不同的状态呈现和教育结果。

师：我从不认为能写出一篇好文章，是一件多么了不得的事，也从不关心你们的作文成绩，反而对你们的能力和品德等非常关注。把你们的心灵教好了，作文自然就好了。当学生们的心灵“充盈”，作文写出来就不会差。比教授作文更重要的是，教孩子成长。

生：孩子和孩子为什么会有不同？

师：你问得好，孩子们在成长过程中，会遇到各种各样的问题。比如，大人们为了不让孩子乱跑乱动，经常会吓唬他们不要去尝试，不要去探索，孩子没能探究这个世界，反而变得害怕水塘，害怕黑暗，害怕这个世界真的有怪物、有鬼，害怕一切本来并不可怕或并不存在的事物。渐渐地，孩子会害怕说错话、做错事，在一次次的惩罚和否定的过程中，孩子们变得胆小、不敢说话、不敢尝试、担心犯错。逐渐地折损了孩子的创造力和求知欲。大人们也总问自己的孩子，为什么不如别人那么聪明、优秀，是因为他们自己对孩子的教育和引导，铸成了孩子的过去、现在和将来。

每个孩子在很小的时候，对世界和周围的事物都是充满好奇的，在一次次的教诲和训斥、惩罚、教导当中，渐渐地变得非常“听话”“懂事”，实际上是以牺牲创造力和想象力为代价的。

就像为什么会有你一个人的成长课，就是因为你妈妈跟我说，你想穿越到杜甫的时代，问问他为什么要写那么多诗，他当时是怎么想的。如果你妈妈不说，老师也就不会知道，也就没有这个成长写作课程了。

在孩子的世界里，如果没有成人的用心发现，即使有再多天才的闪光点，也会白白流逝。

生：老师，您为什么总是夸奖我写的作文很好，实际上作文里还有很多问题呢？

师：这世上没有一篇学习期间的作文是没有缺点的。我对你写的作文的赞赏，是觉得你可以进一步培养想象力和创造力，也值得我去教导。上天把你这颗天才的种子撒向人间，我既然遇见了你、发现了你，就不能把你抛下、错过，我要好好培养你，走进你的内心，倾听从你的心灵里发出的声音，捕捉到你内心闪现的微光，这些成长历程中的可贵品质，它和太阳的光芒一样稀缺、可贵。可惜的是，人们每天享受着阳光带来的光明和喜悦，从未觉得该好好珍惜。就像对待孩子们的心灵之光，也是如此。

我在乎你心灵的成长，你和同学们写的每一篇作文，只要是体现心灵和成长的，满含爱和善良的，我都很珍惜。只要是你们的心灵里流淌出来的歌声，我都能听懂。你们还在学习阶段，不适合给你们找问题，三天一找（问题和缺点），就会打击学习写作的积极性。

希望你们能用自己的笔为世界书写，为万物代言，为自己抒发，为国家和民族强盛而写作。我们这代人的使命完成了，但还要把你们教育得更好、更强，将来才能引领世界，你们要努力成为世界的孩子，要有全世界的视野，要有容纳得下全宇宙的胸怀和意识。

师：优美的文字之下那颗灵动的心会像种子一样发芽，再茁壮成长。我希望你能在成长课之后的成长过程中，积极改变自己、提升自己，抓住阅读、思考、写作的机会历练，向生活学习。

生：嗯，妈妈常说，她真不知道我小小的心灵是怎么想出那些话和想法的。我想每个孩子都一样，内心都有很多想法，只是没有机会说出来，或者没有人能好好地开发。

师：希望大家对待每个孩子都像对待艺术品，充分评价孩子的特点和天分，帮助和培养他们成为独一无二的，极具创新意识和人格魅力、能力和品德综合发展的，符合新时代建设和需要的“人”！

后　记

将晓晴老师和昊然的成长课程总结出的书，终于快要出版了，心情很激动！我想对儿子说两句心里话：妈妈没能像别的妈妈那样带你到处旅游，游遍祖国的大江南北，也不能总是陪伴在你身边，不能给你很多的金钱财富，但总希望能为你做点什么。

希望这本书能一直陪你，这里有很多位历史上的文学名家和伟大的人陪伴着你，在老师的引导下，让你看到更多优秀人物背后的成长，明白任何成功都来之不易，帮助你努力进取，拥有不畏艰难的决心。也希望这本书能陪你找到更好的学习方法和人生目标！让你的自主学习和思考的“小马达”转起来，飞得更高，看得更远！

昊然是个有心的孩子，从他刚上一年级开始，就给从未见过的已去世的奶奶写信，诉说他的思念和缅怀。

历经三年，这本书的内容从涂老师一对一给昊然上课，到文本整理、编辑，再到寻找出版社，虽是走走停停，但终归朝着目标迈进。

从认识老师到现在已有三年多，孩子和涂老师的情谊特别深厚。每一节课讲解，互动交流，都是一次美妙的相约。

有些说不清楚的因素，绕不过“天赋”两个字。昊然从小就一直喜欢写，想写，却不知道方法，怎么写才好！能感觉到他因为年龄和文学语言的稚嫩，透出的焦虑和渴盼。所以，我们选择让他跟晓晴老师学习文学写作和思维培养，以及成长的必备能力，没想到，能因此结出更多甜蜜的果实。

昊然生性不喜欢说话也不敢表达，却可以和老师交流讨论自如，从此改变了孩子的性格。他品德的提升，自我的完善，能从他清澈的眼神和纯净的心灵里感觉得到。我们常常被孩子发自内心的诚挚和温暖感动，被他极致的善良和朴实打动。我想，这些功劳很大一部分来自晓晴老师对他的悉心教导。

涂晓晴是一位非常优秀的老师，且有担当和使命感。她对少年儿童的喜爱发自内心，谦卑内敛。记得她在一次讲座上，说她不是老师，她是孩子们成长和写作的引路人，是“仆人”，更是和孩子们并肩作战打文学写作靶心的“兄弟”。她在教学中也是一样，从不弄虚作假，也不会故弄玄虚，刻意夸大困难和功劳。她高能量的大爱和宽广，帮助孩子们开阔眼界，打开心胸，提高审美层次。记得她在课上喜欢用“无限”来问孩子们，以此来断定是不是“亲学生”。她也从来不关注孩子的作文考了多少分，她总说，作文只是很小很小的事，把孩子培养好了，才是大事。把孩子们的心灵培养得充裕、丰盈了，作文不可能写不好。

能有幸上涂老师的课，是孩子的幸运和福分，感谢老师的帮助与支持！这本书也是作为我们和晓晴老师在一起成长的见证！

关于文学的成长课，是昊然成长历程的累积，希望也是更多和昊然一样喜欢文学的孩子的成长课，希望把它传递给大家！

无论你能在书中看到谁，喜欢谁，都希望能遇见你想知道的，找到你一直在寻找的！无论是学习还是生活，一点、两点……成长是个漫长的过程，重要的不仅有目的地，还有美妙的过程。

在涂老师给昊然上成长课期间，我几乎都有陪伴，常常能被她的讲述打动，整个人情不自禁地沉浸其中。涂老师从作家的高度和功底，看待人物和事物的角度，总能使我耳目一新。她不同视角的解析和独特的切入点，能给人别开生面之感。可以说是我和昊然母子俩的共同成长。

好东西要分享，善缘才能深种。无论此刻的您，离我和昊然多远，都请感受到我们的善意和爱，这就是我们决定整理、出版、分享这本书的初心。

我和先生都有一种感觉，这本书不仅适合孩子看，做父母的也可以一起看！书中的爱和善良、家国情怀和处世态度，真的可以让我们一起成长！

昊然妈妈陆静静

2023 年 8 月